감정이 나를 휘두르지 않게

waste of emotion

감정이
나를 휘두르지 않게

임경미 지음

미래북
miraebook

CONTENTS

당신에겐 잘못이 없다

▌[없애려 할수록 내 그림자는 짙어진다]

나는 개복치 같은 사람이었다. 우연히 TV를 통해 보게 된 개복치는 커다란 덩치에 작은 눈과 뭉뚝한 입을 하고 있었다. 어딘가 억울해 보이는 개복치의 모습에 묘하게 마음이 갔다.

'저 덩치 큰 물고기는 왜 저런 표정(?)을 하고 있을까.'

몸이 2m 이상 자라고, 몸무게는 1,000kg에 달하는 개복치는 큰 덩치와는 다르게 매우 소심하고 예민하다고 한다. 그래서 작은 상처나 빛의 변화에 크게 스트레스를 받고, 정도가 심하면 죽음에 이르기도 한단다.

개복치를 죽게 만든 스트레스, 내게 그것은 감정이었다. 감정은 언제든지 나를 찾아왔다. 아주 사소한 일, 나와는 상관없는 일에도 문득문득 찾아와 내 마음을 휘저었다. 드라마 〈비밀의

숲〉에 나오는 황시목 검사(조승우 분)처럼 감정을 느낄 수도 없고, 인식할 수도 없는 사람이 아니라면 감정을 느끼지 않고 사는 사람은 없다. 그러나 그중에서도 나는 개복치처럼 감정이 예민한 사람이다. 가볍게 넘어갈 수 있는 일을 무겁게 받아들였고, 롤러코스터를 타듯 감정의 상승과 하락을 반복했다. 그랬기에 길가에 핀 작은 들꽃을 보면 하늘을 나는 듯 기분이 좋았고, 길거리를 지나는 사람과 어깨를 부딪칠 때면 사과 한 마디 하지 않고 가는 사람을 보며 화를 내고는 했다. 마치 초민감 센서등이 달린 것처럼 내 감정은 예민하게 상황을 받아들였고, 그럴 때마다 이런저런 감정의 불이 켜지고는 했다.

이런 감정의 센서등이 켜질 때마다, 정확히 말하면 자주 켜질 때마다 곤혹스러웠다. 내 감정이 만들어내는 급격한 그래프의 움직임이 불안정한 정서를 드러내는 것 같았다. 감정이 오르락내리락하지 않고 평온하게 일직선을 유지하는 사람이 부러웠다. 나도 그들처럼 잔잔한 호수 같은 마음 상태를 유지하고 싶었다. 들쭉날쭉한 감정 곡선을 삐딱하게 바라볼수록 의문이 들었다. '나는 왜 둔감하지 못할까, 왜 사소한 일에 일일이 반응하는 것일까, 이런 버릇을 고칠 수는 없을까.'

결국 내가 예민하게 반응할수록 피곤해지는 것은 나였기에 잦은 감정의 동요를 잠재우고 싶었다. 감정에 대한 이해 없이 시작한 방법은 바로 '감정 외면하기'였다. 감정 외면하기란 아주 단순했다. 내게 어떤 감정이 들 때마다 그것을 인식하거나 드러내지 않고, 그냥 무시하는 것이었다.

카페에 방문한 어느 날, 내 옆 테이블에 앉은 사람이 시끄럽게 전화 통화를 하고 있었다. 동네방네 자신의 통화 내용을 알리려는 듯한 큰 목소리가 카페를 가득 메웠다. 카페의 감미로운 음악이 쩌렁쩌렁 울리는 통화 소리에 묻힐수록 나의 불쾌함은 점점 커졌다. 그러나 나는 상대방에게 조용히 통화해달라고 요청하지도, 조금 더 조용한 곳으로 자리를 옮기지도 않은 채 불편한 마음을 무시하고 침묵했다. 다짐한 대로 마음에 싹튼 감정을 외면했지만, 어느덧 내 마음에는 해소되지 않은 불쾌한 감정이 차오르고 있었고, 이미 켜진 센서등은 꺼지지 않은 채 온종일 경고의 메시지를 보냈다.

'비상! 비상!'

카페를 나선 뒤에는 사소한 일에 화가 났다. 인터넷 뉴스가 그날따라 늦게 열렸고, 동영상은 버퍼링이 심했다. 짜증이 밀려왔지만 역시나 다짐한 대로 계속해서 커지는 감정을 외면했다. 주의를 분산시키기 위해 좋아하는 노래를 재생했지만 평소에는 달콤하게 들렸던 가수의 음색이 소음처럼 느껴졌다. 어딘가 평소의 나와 다르다는 것을 느끼면서도 마치 내 기분이 아무렇지 않은 듯, 평온한 듯 행동했다. 그렇게 철저하게 감정을 무시한 결과는 어땠을까. 퇴근하고 집에 돌아와 가진 식사시간에 남편이 무심코 켜놓은 TV 소리에 결국 폭발하고 말았다.

"시끄러워. 밥 먹을 때는 조용히 밥만 먹으면 안 돼? 밥은 먹는 둥 마는 둥 하고 지금 뭐 하는 거야?"

평소였다면 TV 소리에 반응하지 않았거나 소리를 좀 줄여달라고 요청했을 나였지만, 그때는 하루 내내 해결하지 않고 외면한 감정이 폭발하면서 밥 먹으며 TV를 보는 남편을 비난하기에 이르렀다.

드라마 〈응답하라 1988〉을 보면 덕선이가 가족과 함께 생일 파티를 하는 장면이 나온다. 지하에 살고 있었던 덕선이네는 경제적으로 여유롭지 못해서 매년 언니의 생일날 자신의 생일 축하를 같이 해야 했다. 케이크 하나에 촛불이 2번 켜졌다가 꺼지며 덕선이는 자신의 생일날이 아닌 언니의 생일날에 생일 축하 케이크의 촛불을 불어야 했다. 이것이 못마땅했던 덕선이는 여러 번 언니의 생일날 자신의 생일 축하를 하지 않겠노라고 말했지만, 덕선의 부모는 이런 덕선이의 마음을 알아주지 않았다. 결국 또다시 언니의 생일 케이크가 자신의 생일 케이크로 재활용되던 18살의 어느 날, 그동안 참아왔던 서운함이 폭발하고 만다.

"내가 언니랑 같이 생일 파티 안 한다고 했잖아. 왜 내 말은 안 들어줘? 나도 달걀 프라이 좋아한단 말이야. 콩자반 싫어한다고. 왜 닭다리는 노을(남동생)이랑 언니 주고, 나는 왜 닭날개 줘. 나도 닭다리 좋아한다고!"

설움이 폭발하자 가족을 위해 양보하고 이해했던, 하지만 그럼에도 불구하고 서운하고 속상했던 다른 기억들도 함께 터져

나왔다. 그렇게 오랫동안 감정을 참아왔던 덕선이는 울고 소리치며 자신의 감정을 드러냈다. 만약 덕선이가 평소에 자신의 마음을 잘 이야기했다면 어땠을까. 케이크와 닭다리, 달걀 프라이에 대한 묵은 감정이 폭발하듯 드러나진 않았을 것이다. 마음 착한 덕선이는 가족을 위해 참는 것을 선택했지만 가족을 위하는 좋은 마음이 덕선이의 마음을 달래기엔 역부족이었다. 그렇게 쌓이고 쌓인 감정들은 결국 침착한 말과 표정이 아닌 눈물과 울부짖음으로 드러나고 말았다.

이 일화를 보며 생각했다. '나 역시 처음 감정이 고개를 내밀었을 때 그것을 알아차리고 해결했더라면 부정적인 모습으로 폭발하지는 않았을 텐데, 애꿎은 사람에게 화를 내는 형태로는 더더욱 아니었을 텐데' 하고 말이다. 그런데 나는 개복치처럼 예민하게 사는 것이 싫어서, 예민한 내가 스스로 해를 끼칠까봐 두려워서, 감정을 억누르고 제거하려고만 하고 있었다. 그러나 감정을 외면하는 것이 능사는 아니다. 티끌 모아 태산이 된다는 옛말처럼 외면한 감정의 티끌 역시 쌓이면 태산이 된다. 그렇게 쌓인 태산은 결국 폭발하고 만다. 개복치가 스트레스를 받아 죽게 된 것도 어쩌면 감정을 제대로 풀어내지 못했기 때문이 아니었을까.

[미안해, 몰라봐서]

"뚝 그쳐! 뭘 잘 했다고 울어?"

"남자는 딱 3번만 우는 거야. 이렇게 아무 때나 울면 안 돼."

"좋은 일이 생겼다고 자랑하거나 칭찬받았다고 으스대지 마.
그건 잘난 척하는 거야."

"벼가 익을수록 고개를 숙이는 것처럼 겸손할 줄 알아야 돼."

TV에서도, 만화영화에서도, 책에서도, 부모님의 말씀을 통해
서도 숱하게 들어왔던 말들이다. 그런데 내가 성인이 된 지금도
이런 말을 종종 듣는다. 아이를 동반한 부모의 입을 통해, TV와
책을 통해 어디서든 쉽게 접할 수 있기 때문이다. 십 년이면 강
산이 변한다는데 이러한 인식은 아직 바뀌지 않은 것 같아 씁쓸
하다. 대수롭지 않게 받아들였던 이런 문장에는 감정을 억제하
는 기제가 담겨 있기 때문이다.

어린 시절 유행했던 만화영화의 주제가는 이랬다.

"괴로워도 슬퍼도 나는 안 울어. 참고 참고 또 참지 울긴 왜 울어."

이런 크리스마스 캐럴도 있지 않은가.

"울면 안 돼. 울면 안 돼. 산타 할아버지는 우는 애들에게 선물
을 안 주신데."

어렸을 때 나는 매년 크리스마스가 지나면 '울고 싶어도 꾹
참고 착한 일 해서 내년에도 꼭 선물을 받아야지'라며 다짐했
다. 누가 착한 아이인지, 나쁜 아이인지 알고 있다는 산타 할아

버지가 우는 아이에게 선물을 안 주는 이유는 우는 것이 나쁜 일이기 때문인가? 그렇다면 나는 울지 않음으로써 착한 아이가 되고 싶었다. 이런 습관 때문인지 산타 할아버지의 존재를 믿지 않는 나이가 되어서도 우는 것은 나쁜 것이라고 생각했다. 울고 싶을 땐 노래를 흥얼거리며 울지 않으려 노력했다. 어디 우는 것뿐이었을까. 자라면서 들은 온갖 문장들은 슬픔뿐만 아니라 나를 찾아오는 다른 감정들도 누리지 말고 억제하라고 가르치고 있었다. 그러나 나는 기분이 좋으면 만사가 행복했고, 기분이 나쁘면 모든 것이 부정적으로 보이는 사람이었다. 기분이 안 좋은 날은 커피 안에서 녹는 얼음을 보며 슬퍼했고, 땅을 구르는 낙엽이 처량해서 울었다. 그렇게 머리를 내민 감정이 내 마음속에 커다랗게 자리 잡은 날이면 그 덕에 감정에 휩싸여 아무것도 하지 못하기도 했다.

나를 찾아온 감정의 고리가 길게 연결될수록 감정의 사슬에 꽁꽁 묶인 것은 결국 나였다. 이런 내가 싫었다. 더는 감정에 좌지우지되어 아무것도 하지 못하는 내가 되고 싶지 않았다. 옛말 틀린 것 하나 없었다. 감정에 휩쓸리면 아무것도 못하기 때문에, 이런 부작용을 막기 위해 '괴로워도 슬퍼도 울지 않는구나' 싶었다. 그래, 그러니 이제부터는 괴로워도 슬퍼도 울지 않는 들장미 소녀가 되자! 내게서 감정을 없애보자!

영화 〈이퀼리브리엄〉은 감정이 없는 미래세계를 다룬다. 3차

세계대전이 끝나고 4차 세계대전을 막기 위한 방법 중 하나로 감정을 억제하기로 한 것이다. 그곳은 감정을 질병처럼 취급했으며, '인간이 인간에게 저지르는 비인도적 행위의 원천'이라고 생각했다. 감정을 막기 위해 애완동물을 키울 수 없고, 노래를 듣거나 책을 읽을 수도 없었다. 알람이 울리면 주기적으로 감정 억제제를 주사하며 무미건조하게 살아간다. 감정 억제제는 인간의 모든 것을 빼앗아간다. 인간의 온기와 풍경의 아름다움을 느낄 수 없고, 인정이나 이해심, 죄책감을 느끼지도 못한다.

영화의 주인공 존 프레스턴은 감정을 유발하는 물건을 없애고, 감정을 느끼는 사람(일명 감정유발자)들을 소탕하는 일을 하는 일급 요원이다. 그는 감정을 느꼈다는 죄목으로 처형대에 선 부인을 무표정한 얼굴로 죽이고, 자신이 아내를 죽였다는 기억도 없이 오직 감정을 유발하는 사람들을 잡는 살인 병기로 살고 있었다. 하지만 그가 우연한 계기로 감정 억제제를 제시간에 투약하지 못하면서 이야기는 반전한다. 감정 억제제를 맞지 못한 그때 석양과 무지개를 바라보며 감동의 눈물을 흘리고, 온기를 느끼게 된 존 프레스턴. 이후 그는 의도적으로 감정 억제제를 맞지 않으며 자신을 찾아오는 이상한 존재, 즉 감정을 느끼면서 세상의 아름다움을 하나둘 발견하고, 슬픔을 느끼며 오열한다.

"왜 살죠?"

"느끼기 위해서요. 당신은 해보지 않아서 모르겠지만 그것은 숨 쉬는 것만큼이나 중요하죠."

영화 〈이퀄리브리엄〉에서 말하는 감정은 긍정적이다. '인간을 인간답게 해주는 모든 것' 중 하나가 바로 감정이다.

인간은 감정 없이 살 수 없다. 아니, 살 수 있다 하더라도 진정한 인생의 맛을 느끼며 살기는 어렵다. 감정은 삶을 더욱 아름답게 만들어주고, 나를 지키게 만든다. 울고 싶을 때 울고, 화내고 싶을 때 화내고, 기쁜 일이 있을 때 기뻐하는 것은 지극히 당연한 일이고 없어서는 안 될 꼭 필요한 일이다. 밥을 먹으면 배가 부르고, 졸리면 잠을 자는 것처럼.

그런데 나는 어떠했는가. 예전의 나는 이 사실을 미처 알지 못했기에 감정을 내 하루를 망치러 온 불필요한 파괴자라고 인식했다. 그때의 나는 〈이퀄리브리엄〉에 나오는 감정을 억제하는 독재자와 다를 게 없었다.

그 결과 나는 어떻게 되었을까. 앞서 말한 것처럼 나를 찾아온 감정을 무시한 결과 억눌러 놓았던 감정이 결국 전혀 상관없는 사람을 향해 폭발하지 않았던가. 차츰 이야기하겠지만, 감정을 억누른 것의 대가는 이처럼 단순하지만은 않다. 문득 이런 의문이 들 수도 있다. '감정에 영향을 받아 아무것도 못하고 괴로움을 느끼는 것보다 감정을 느끼지 않는 것이 더 편한 거 아니야?'라고. 물론, 감정을 느끼지 못하면 그것에 영향을 받지 않아도 되니 좋겠지만, 인정해야 할 것은 감정을 없앨 수는 없다는 것이다. 자연스럽게, 나도 모르는 사이 발생하는 감정을 어떻게 없앨 수 있다는 말인가. 그것은 '숨 쉬는 거 번거로우니 이제부터는 숨을 쉬지 않고 살겠어!'라고 말하는 것과 같다.

나를 괴롭게 만드는 것은 사실 감정이 아니라 감정을 무시하고 외면한 내 마음이다. 우리에게 필요한 것은 감정을 느끼지 않는 방법이 아니라 감정을 잘 다루는 방법이다. 감정이 발생해서 괴로운 것이 아니라 감정을 제대로 다루지 못했기 때문에 괴로운 것이다. 그러니 감정을 드러내지 않는 것이 미덕인 사회에서 누명을 쓰고 있는 감정에 대한 오해를 풀어보자. 그 첫 시작은 감정이 나쁜 것이 아님을, 인생을 살아가는 데 꼭 필요한 것임을 받아들이는 것이다.

▮[괜찮아, 이런 나라도]

감정은 무엇일까. 사전을 찾아보면 '어떤 현상이나 일에 대해 일어나는 마음이나 느끼는 기분'이라고 정의되어 있다. 감정은 우리가 숨을 쉬는 것처럼 자연스럽게 발생한다. 어찌 보면 귀찮은 이 활동이 생명유지에 도움을 주는 것처럼, 감정 역시 우리를 구하기 위해 본능적으로 발생한다. 어떤 감정은 반사적으로 나타나고, 어떤 감정은 살아오면서 겪은 경험, 그때의 생각, 결과, 그로 인한 나의 반응들이 덧입혀져 다른 모습의 감정으로 드러난다. 감정이 생기는 원인이야 어떻든 감정은 몸이 나에게 보내는 안전신호와 다를 바 없다.

눈앞에 호랑이가 있다고 생각해보자. 혹은 누군가가 나를 향해 돌을 들고 달려온다면? 엘리베이터가 갑자기 작동하지 않는 상황에 처했다면 어떨까? 상상하는 것만으로 공포와 불안 같은 감정이 느껴진다. 만약 이런 상황에서 아무런 감정을 느끼지 못하면 어떻게 될까? 위험한 상황임을 감지하지 못했으니 그 상황에서 벗어나려는 시도를 하지 않을 것이다. 그러나 감정을 느끼면 결과가 달라질 확률이 높아진다. 위험한 상황에 닥쳤을 때 생겨나는 공포심은 상황을 벗어나도록 행동하게 함으로써 나를 안전하게 만든다.

《왓칭》의 김상운 작가는 생존을 위해서는 부정적 감정이 필수라고 말했다. 뇌 깊숙한 곳에 있는 편도체에 의해 생존에 위험이 없다고 판단되면 유쾌, 위험이 닥치거나 불안하다고 판단되면 불쾌를 느끼게 된다는 것이다. 이렇듯 감정은 아주 오랫동안 나를 지켜온 중요한 수단 중 하나였다. 그러니 감정은 파괴자가 아닌(구원자 정도까지는 아니어도) 보호자임에는 확실해 보인다.

하지만 감정은 왜 '내 인생을 망치러 온'이라는 불명예를 안아야 했을까. 바로 감정으로 인해 곤혹스러운 경험을 하게 되기 때문이다. 그다지 위험한 상황이 아닌데도 계속 화가 나 있거나 타인의 감정에 영향을 받아 내 기분을 망치는 경우가 있다. 이런 기분이 화풀이하듯 상대방에게까지 전달된다면? 그야말로 곤혹스럽기 짝이 없다. 아주 사소한 예를 든 것 같지만 지금 당장 휴대전화를 들고 인터넷 뉴스를 검색해보면 알 것이다. 우울, 상실감, 불안 등으로 얼마나 많은 사람이 고통을 받거나 극단적인 선택을 하는지를. 이처럼 감정은 말과 행동에 영향을 미친다.

예를 들어보자. 오늘 아침 연인으로부터 문자를 받았다. '자기야. 사랑해. 오늘도 자기의 행복을 위해 기도할게. 나는야, 당신의 수호천사♡' 문자 메시지를 확인하고 나니 행복해진다. 서둘러 버스를 탔는데 다른 승객이 실수로 발을 밟는다. "어? 죄송합니다." 고개 숙여 사과하는 상대방에게 말한다. "괜찮아요. 그럴 수 있죠, 뭐."

며칠 뒤, 또다시 연인의 문자가 도착했다. '아무리 생각해도 안 되겠어. 우리 헤어지자. 이유는 말해줄 수 없어. 미안. 이제 연락하지 마.' 갑작스런 이별 통보에 당황스럽고 화가 나기도 하고 슬프기도 한데 오늘도 여전히 만원버스를 타고 외출해야 한다. 그런데 또 승객 한 명이 발을 밟는다. "어머, 죄송합니다. 괜찮으세요?" 마찬가지로 고개 숙여 인사하는 상대방에게 뭐라고 말할까. "아, 조심하셨어야죠. 신발 다 망가졌잖아요. 정말!"

같은 상황이지만 반응은 전혀 다른 양상으로 드러난다. 원인은 바로, 감정이 달라졌기 때문이다. 감정은 말과 행동을 지배한다. 감정에 의해 지배된 말과 행동은 타인에게 고스란히 전해진다. 그러니 사회성이 있는 사람이라면, 혹은 감정이 예민한 사람이라면 상대방의 감정을 더 빨리, 더 많이 수용한다. 그래서 상대방의 눈치를 보고 조심하게 되며 나에게 아무 문제가 없음에도 불구하고 자신의 감정마저 상대방의 감정에 동화시켜 버린다.

어느 날 출근했는데 상사의 얼굴이 잔뜩 굳어 있다. 안녕하시냐고 인사를 건네 봐도 안녕하지 못하다는 티를 팍팍 내며 여전히 굳은 표정을 하고 있다. 쭈뼛쭈뼛 눈치를 보며 밤새 작성한 결재 서류를 보고하는데 상사가 결재 서류를 쾅 덮으며 말한다.

"아니, 신입도 아니면서 이 정도밖에 일을 못 하나? 이걸 보고서라고 들고 온 거야? 어?"

부끄러운 마음에 얼굴이 화끈거려 재빨리 자리로 돌아온다. 지적한 내용을 수정하다 보니 짜증이 난다. '자기가 하란 대로 만들어왔는데 왜 뭐라고 하는 거야!' 이어진 회의시간. 상사의 딱딱한 표정과 말투에 회의시간이 무겁게 느껴진다. 팀원들도 상사의 눈치를 보며 안절부절못하고 표정이 점점 굳어간다.

어떤가. 한번쯤은 이와 유사한 경험을 한 적이 있지 않은가? 내가 롤러코스터 타듯 요동치는 감정을 억누르고, 부인하려고 한 이유도 바로 이것이었다. 내 예민한 감정에 심취한 나머지 이를 끊어내지 못하고 말과 행동으로 고스란히 옮겼으며, 그것으로 인해 타인의 감정 역시 나쁘게 만들어버렸고, 타인의 감정을 마치 내 감정인 양 수용해 나를 괴롭게 했다. 이런 악순환이 반복되자 나에게 감정은 내 인생을 망치러 온 존재밖에 되지 못했다. 남들보다 감정이 예민한 것도 원망의 이유였다. '남들처럼 머리가 좋다거나 끈기가 있다거나 운동을 잘 하는 것 같은 능력을 주지. 나는 왜 쓸데없는 것을 능력이랍시고 가지고 태어났을까'라고 생각하며 감정을 미워했다.

하지만 감정은 아무런 잘못이 없었다. 다만 내가 감정을 잘 다루지 못했기 때문에 문제가 생기는 것이다. 예민한 감정 역시 내가 잘 이용했다면 나의 무기가 될 능력이었다. 그런데 나는 감정을 제대로 다루기 위한 노력을 하지 않고, 감정을 제대로 이해하려는 노력 역시 하지 않았으며, 감정에 휘둘려 살면서 감정을 원망하고만 있었다.

이 모든 사실을 받아들이고 나니, 감정을 미워하고 원망했던 자신이 얼마나 어리석었는지 깨달을 수 있었다. 더 나아가 남들보다 조금 더 예민한 감정이 고맙고, 기특하게, 내게 구원자처럼 느껴졌다. 감정이 나를 위해 보내주는 안전신호라면 조금은 예민한 안전신호로 인해 나는 더 보호받을 수 있으니까. 그러므로 오늘도 나를 위해 애쓰고 있는 감정이라는 녀석을 잘 다독일 수 있는 나만의 방법을 찾으면 그야말로 금상첨화가 아닐까. 만약 지금도 감정에 의해 시달리고 있다면 가볍게 인정해보자.

'이게 그냥 나야. 나는 이 녀석과 잘 지낼 수 있어.'

PART 1

오늘도 화가 치밀어 오른다

화는 결코 불필요한 감정이 아니다.
그렇다고 꼭 향유해야 하는 감정도 아니다.
내가 나에게 보내온 경고 메시지를 제때 받아들이고 적당히 해소하자.

CHAPTER 01

복수는 나의 것

한번은 택시를 타고 귀가하던 중 황당한 일을 겪었다. 택시 요금을 지불하기 위해 카드를 건네자 택시기사님이 퉁명스럽게 말했다.

"거기 단말기에 대세요."

미터기 근처에 카드 단말기가 있었던 내 경험상 습관적으로 내민 손이 무색해져 나는 "아~"라는 짧은 감탄사만 내뱉을 뿐이었다. 그런데 짧은 침묵을 깨고 무시가 가득 담긴 말투로 기사님의 말이 이어졌다.

"에이그, 택시도 자주 타봐야 이런 것도 알지. 안 그래요?"

사실 기사님의 인상은 처음부터 유쾌하지 않았다. 목적지를 두 번이나 말해도 묵묵부답이었고 '짐은 어떻게 해라, 뒷자리에 앉아라' 등 말투가 명령조였다. 거기다 앞선 버스에 차를 바짝 가져다 대며 급정거에 급출발을 일삼는 운전 습관에 내 몸이 앞뒤 좌우로 흔들려서 꽤나 불쾌해지려던 참이었다. 그러던 중 대뜸 던진 기사님의 말은 작은 스파크를 일으켰고, 감정에 불이 붙었다. 기사님의 말을 듣는 순간 손이 후들후들 떨리며 심장이 쿵쾅쿵쾅 뛰기 시작했다. 카드 승인이 떨어지길 기다리는 짧은 시간 동안 오만 가지 생각이 스쳐 갔다.

'아까부터 나한테 왜 이러는 거지? 내가 뭘 잘못했나? 저 말은 분명 무시하는 의미인데? 내가 여자라고 막 대하는 건가?'

이런 생각이 머릿속에서 스쳐 지나간 탓에 "안 그래요?"라고 묻는 기사님의 말에 아무런 대답을 하지 않았다. 대신 어디서 그런 용기(?)가 생겼는지 욕 한마디를 날리며 택시에서 내렸다. 택시는 이미 떠나갔지만 내 분노는 사그라지지 않았고, 집으로 걸어가는 내내 화를 분출해봐도 여전히 씩씩거릴 뿐 아무것도 나아지지 않았다. 감정에 사로잡혀 이성적으로 행동하지 못하고, 부정적인 말에 부정적으로 응수해버린 내가 바보 같았다. 상대의 장단에 놀아난 기분이 들어 억울했고, 내게 기습타격을 날리고 의기양양하게 떠났을 기사님을 생각하니 더 분하고 화가 났다.

살다 보면 갑자기, 문득 이런 불쾌하고 무례한 경험을 맞닥뜨리게 된다. 부지불식간에, 훅하고 쳐들어오는 적(?)의 공격을 어떻게 방어해야 할까. 그리고 그 상황에서 나를 더 화나게 했던 나의 대응, 상대의 무례한 행동에 제대로 대응하지 못한 나의 미숙함을 어떻게 해결할 수 있을까.

그 일이 있은 후 방심한 틈을 비집고 들어오는 공격을 막아내기 위해 나만의 대응 매뉴얼을 만들었다. 우선, 귀를 의심하게 만드는 말이 내 귀에 꽂히는 순간 이렇게 말하는 거다.

"뭐라고요? 지금 뭐라고 하셨는지 못 들었는데 다시 말씀해주시겠어요?"

상대는 나의 반문에 다시 반복할지 말하지 않을지 선택할 것이다. 처음부터 어떤 의도도 없었다면, 혹은 뒤늦게 아차 싶은 생각이 들었다면 상대는 "아, 아닙니다"라고 자신의 말을 철회하겠지만, 부정적인 의도를 가졌거나 의도적으로 감정을 상하게 하기 위해 내뱉은 말이라면 같은 말을 반복할 것이다. 만약 상대가 같은 말을 반복한다면 대응 체제를 강화해야 한다. "그 말은 제게 이런 의도로 들리는데…. 그게 맞나요?" 이렇게 말함으로써 당신의 말에 내가 기분이 나빴음을 드러내야 상대방도 자신의 행동을 돌아보게 된다. 혹은 물러서지 않고 재확인하는 적극적인 모습에 상대방은 멈추거나 주춤하게 될 것이다.

이런 질문은 또 다른 도움을 준다. 이렇게 몇 마디 대화가 오가는 동안 의도치 않은 공격을 받아 쿵쾅거리는 심장은 조금 잔잔해지고, 덜덜 떨리던 손도 차분해지는 것이다. 이때가 되면 감정적으로 대응하는 것을 막을 수 있다. 이성적인 판단과 대응이 가능해지는 것이다.

조금 더 내공이 쌓이면 이런 불쾌하고 무례한 상황을 재치 있지만 단호하게 넘길 수도 있다. 회사 선배 중 한 명은 "여자와 북어는 주기적으로 때려야 부드러워진다"는 시대착오적이며 성차별적인 발언을 하고는 했다. 그 말을 들은 나는 웃으며 선배에게 대응했다. 휴대전화의 녹음 버튼을 누른 채로 선배의 얼굴 가까이 들이밀며 "선배, 녹음할 거니까 다시 말씀해주세요"라고 말했던 것이다. 정색하고 화를 내며 바로잡지 않아도, 나의 이런 반응에 자신의 잘못을 깨달은 선배는 어색하게 웃으며 "야, 농담이야, 농담" 하며 손사래를 쳤고, 이후에는 그런 말을 입에 올리지 않았다. 물론, 여자인 내가 없는 자리에서는 무슨 말이 오갔을지는 모르지만, 적어도 내 앞에서는 그런 말을 입 밖으로 꺼내지 않았으니 조금은 의미 있는 반격이 아니었을까.

여기서 더 내공이 쌓인다면 상대방에게 정반대의 말로 한 방을 날려버릴 단계에 도전해보면 어떨까. "에이그, 택시도 자주 타봐야 이런 것도 알지. 안 그래요?"라며 건네는 택시기사님의 비꼬는 말에 진심을 담은 표정으로 이렇게 말하는 것이다.

"기사님, 운전하느라 힘드시죠. 오늘도 안전운전하시고, 좋은 하루 보내세요. 안전히 태워주셔서 감사합니다."

이런 말과 함께 미소를 보내면 상대방의 기분이 어떨까. 자신이 분명 아프라고 던진 돌멩이에 상대방이 상처조차 입지 않은 모습이라면, 게다가 나쁜 의도를 가지고 행동한 자신에게 오히려 긍정의 말을 되돌려준다면 본인이 더 분하고 짜증날 것이다. 그게 아니라면 자신의 옹졸한 마음이 부끄러워질 것이다. 그것도 아니라면 "요즘 보기 드문 살가운 젊은이네" 하면서 기분이 좋아질 수도 있다.

성경 말씀 중 "악한 자를 대적하지 말라. 누구든지 네 오른편 뺨을 치거든 왼편도 돌려대며"라는 말씀이 이해되지 않았던 적이 있었다. '뺨을 맞았으면 나도 같이 때려야지. 왜 반대편을 갖다 대라는 거야?'라며 퉁퉁거리기도 했다. 하지만 악을 악으로 대하고 난 뒤, 가시지 않는 찝찝함과 불쾌함을 경험하면서, 세상에서 가장 위대하면서도 고차원적이고 품격 있는 복수(?)는 상대방의 도발에 굴하지 않는 것이라는 것을 깨달았다. 상대가 의도적으로 던진 돌멩이에 맞았다고 화내지 않고 옷에 묻은 먼지를 툭툭 털어내는 것은 쉽게 할 수 있는 행동이 아니다. 그러나 그 쉽지 않은 행동을 했을 때 상대는 좌절을 느끼고, 자신의 어리석은 행동에 부끄러움을 느끼게 될 것이다.

순간순간 화가 나게 하는 타인의 불쾌한 언행에 반응할수록 피해를 보는 것은 나 자신이다. 이런 불쾌한 감정을 제때 끊어내지 않으면 그로 인한 연쇄효과를 대가로 치러야만 한다. 그러므로 부정적인 경험이 찾아왔을 때 잘 넘기는 연습을 해보자. 적절히 말하고, 적절히 대응해야만 내 마음속 분노의 불씨도 사그라질 것이다. 이것이 나의 감정을 지키고, 품위를 떨어뜨리지 않으며 상대방의 무례를 대하는 우아한 복수방법이다.

CHAPTER 02

화에게 묻는다, "너는 왜 왔니?"

아이를 키우는 친구에게서 흔하게 듣는 푸념이 있다. 안 그래야지, 안 그래야지 하면서도 정신 차리고 보면 아이에게 화를 내고 있다는 것이다. 아이는 엄마가 피곤한 몸을 이끌고 겨우 치워놓은 장난감을 다시 끄집어내고, 벽지에 낙서를 하고, 놀이터의 미끄럼틀을 옷으로 청소하려는 양 신나게 논다. 엄마는 그런 아이를 따라다니며 흐트러진 물건을 정리하고, 더러워진 옷을 갈아입힌다. 고된 육아로 지칠 대로 지친 늦은 오후. 지치지 않는 강철 체력으로 집안을 난장판으로 만들어 놓는 아이를 보고 친구는 결국 버럭 화를 내고 말았다.

"아기가 내 말을 알아듣는 것도 아닌데 그걸 못 참고 화를 낸 내가 너무 바보 같더라고."

몸이 힘드니 짜증이 나고, 자신의 뜻대로 움직여주지 않는 아이의 모습에 자극을 받다 보면 문득 화가 나고 그 감정이 밖으로 표출되는 것은 당연하다. 육아로 지친 몸과 마음은 이성적인 판단을 방해하니 말을 알아듣지 못한다는 것을 알면서도 어느덧 화를 내기도 한다.

그러나 한 가지 기억해야 할 것은, 화가 나는 것과 화를 내는 것은 별개라는 것이다. 화가 나는 것은 그런 감정이 마음속에서 발생한 것이지만, 화를 내는 것은 그 감정을 행동과 표정, 말 등을 통해 외부로 드러내는 것이다. 그리고 대부분의 문제 상황은 화를 내는 과정에서 발생한다. 일단 화를 내기 시작하면 그 감정에 몰두한 나머지 제대로 화를 내지 못하기 때문이다. 그러니 한 번쯤은 화를 내는 자신의 모습을 돌아볼 필요가 있다.

미리 오해를 풀고 넘어갈 것은, 화가 나는 것과 화를 내는 것이 별개라는 말이, 그러므로 화를 내지 말라는 뜻은 아니다. 화를 내더라도 잘 내야 한다는 뜻이다. 다소 황당하게 들릴 수 있지만, 화가 나면 그 감정을 표출하기 전에 누구에게 화를 낼 것인지를 한 번만 생각해보자. 이미 화를 내고 있다면 지금 내 앞에 앉아있는 사람이 나를 화나게 한 사람이 맞는지, 혹시 엉뚱한 사람에게 화를 내고 있는 것은 아닌지를 생각해보자. 화라는 감정에 불을 붙인 것은 사실 내가 지금 화를 내고 있는 눈앞의 상대가 아니라, 그전에 자신을 불쾌하게 만든 다른 사람일 수 있다. 참다 참다 폭발한 감정이 사소한 잘못을 저지른, 화풀이하기 좋은 대상에게 향하는 경우도 많지 않았던가. 그러니 화를 내고 있다면 그가 진짜 나를 화나게 한 대상이 맞는지 확인해야 한다.

대상이 맞다면 또 생각해보자. 화를 내면서 이미 지나간 일들을 시시콜콜 들먹이고 있지는 않은가. 간단하게 넘어갈 수 있는 사소한 일에 너무 크게 화를 내고 있는지 않은가 말이다. 이 무슨 어불성설인지 도무지 납득이 되지 않을 수 있다. 이미 화가 나 있는데, 이런 걸 생각할 여유가 있겠냐고 반문하고 싶을 수도 있다. 물론 쉽지 않다는 것을 나 역시 경험을 통해 잘 알고 있다. '부당하게 화를 내지 말아야지, 애먼 사람에게 분노의 화살을 쏘지 말아야지, 회초리 들 것을 몽둥이를 들지 말아야지' 하면서도 이미 분출되기 시작한 화는 걷잡을 수 없이 확산하며 몸집을 키웠다. 그렇기 때문에 나는 더욱 의식적으로 위의 질문을 던졌다. '화'라는 감정에 사로잡혀 이성을 잃고 싶지 않았기 때문이다. 그래서 화가 나더라도 꼭 신중히 고민하고, 이렇게 생각했다.

'화나는 것이 자연스럽다는 이유로, 화를 내는 것이 자연스러운 것은 아니다. 화를 어떻게 낼지는 내 선택의 문제다.'

내 선택에 의해 화를 내기로 했다면 알맞은 대상에게 적절한 수준의 화를 내야 한다. 그렇지 않으면 화는 화를 자초한다. 그런데 때로는 왜 그러는지 고민해봐도 원인을 찾을 수 없이 화가 날 때가 있다. 화를 내면서도 '내가 지금 왜 화를 내고 있지? 도대체 화가 난 이유가 뭐야?'라는 의문이 드는 경우다. 혹은 아주 사소한 일에 괜히 화를 내거나 다른 때였으면 분명 아무렇지 않게 웃어넘길 수 있는 일이었는데 버럭 화를 내서 상대방을 당황스럽게 만든 적도 있다. 예를 들면, 밥을 쩝쩝거리거나 흘리면서 먹는다는 이유 같지 않은 것들로 화를 내는 것이다. 왜 나조차 납득할 수 없는 이유들로 화가 나는 것일까. 그것은 바로 안녕하지 못한 내 상태를 알리기 위해 마음이 경고를 보냈기 때문이다.

화는 생존을 위협하는 것으로부터 나를 지키기 위한 수단 중 하나였다. 아주 원초적인 감정인 것이다. 시간이 아주 많이 흐르고, 진화의 과정을 거쳤지만, 아직도 주먹도끼로 사냥하던 시절의 기억이 남아있다. 이런 맥락에서 보면 화는 지금 내게 위험한 상황이 발생했음을 알리는 경고와 같다. 이 경고는 내 감정을 다독여달라는 신호이며, 부당한 상황을 해결해달라는 신호이기도 하다. 경고음이 울리는 경우는 아주 많다. 몸과 마음이 피곤할 때, 직장이나 가정에서 문제가 발생했을 때, 고민이 있거나 부당한 일을 겪었을 때, 걱정이 있을 때, 심지어는 호르몬의 영향으로도 경고음이 울린다.

나 역시 스스로 납득할 수 없는 이유들로 상대방에게 화를 내었을 때를 돌아보면 며칠째 이어진 야근으로 피로에 찌들어 있을 때였다. 그리고 내 인생에 가장 예민하게 반응하며 자주 화를 내었던 때는 미래에 대한 걱정과 일로 인한 스트레스가 가득했을 때였고, 제대로 돌보지 않아 건강이 나빠진 때였다. 그때는 주변으로부터 "요즘 너무 예민한 것 같아. 괜찮아?"라는 말을 듣기도 했는데, 정작 나는 이런저런 문제들에 치여 자신을 돌보지 못했다. 내게 어떤 문제가 발생했는지 알아차리지 못한 상태에서 나를 찾아온 수많은 경고음을 화를 내는 것으로 해결했다. 그래놓고 이유 없이 화내는 내가 이해되지 않아서 '나는 왜 화가 많을까. 어떻게 하면 화를 내지 않을까'라고 생각했다. 화를 내지 않으려 억누르기만 하니 오히려 역효과만 났다. 그냥 센서등도 아닌 초민감 센서등이 달려 시도 때도 없이 경고음이 울려댄 것이다.

화를 내는 것은 이 경고음에 맞춰 한바탕 춤을 추는 것과 같다. 그런데 아무리 생각해봐도 삐, 삐, 삐 울리는 경고음에 춤을 추고 있는 모양새가 이상하기 짝이 없다. 일반적으로 우리는 경고음이 울리면 소리가 나지 않게 경고음을 끄고, 왜 경고음이 작동하게 되었는지 원인을 찾아 해결한다. 화도 마찬가지다. 화가 난다고 단순히 화만 내어서는 안 된다. 화를 잘 내는 것만큼이나 중요한 것은 화가 나는 원인을 찾아 이를 가라앉히고 없애기 위한 적극적인 행동을 하는 것이다. 특히 명백히 화나게 하는 일이 없었음에도 경고음이 울린다면 내가 신체적, 정신적으로 어려움을 겪고 있는 것은 아닌지 살펴보아야 한다. 근본적인 원인이 해결되지 않으면 화는 좀처럼 사그라지지 않는다.

화는 결코 불필요한 감정이 아니다. 그렇다고 꼭 향유해야 하는 감정도 아니다. 내가 나에게 보내온 경고 메시지를 제때 받아들이고 적당히 해소하자. 그리고 왜 화가 났는지 원인을 파악해 그것을 해결하자. 그러면 화는 어느덧 누그러질 것이다.

화나는 것이 자연스럽다는 이유로,
화를 내는 것이 자연스러운 것은 아니다.
화를 어떻게 낼지는 내 선택의 문제다.

CHAPTER 03

앵그리 버드의 미간을 피는 4단계

빨간 새가 하늘을 날아간다. 새는 포물선을 그리며 고도를 낮추다 눈앞에 있는 건물에 부딪히고 건물은 와르르 무너진다. 한때 유행했던 '앵그리 버드'라는 게임이다. 짙은 일(一)자 눈썹이 위로 솟아올라 그 이름처럼 화가 난 것처럼 보이는 새가 캐릭터로 등장한다.

나 역시 이 게임을 했던 기억이 있다. 건물이 와장창 무너져 내릴 때의 희열이란! 작고 여린 새를 투석기의 돌 마냥 쓰면서도 양심의 가책을 느끼지 않았던 것은 새가 화난 상태인데다, 새가 날아가 부딪혀 무너지는 건물은 새를 화나게 한 원인인 것처럼 보였기 때문이다. 나는 새에게 감정이입을 하며 잔뜩 화가 난 새를 나 대신 쏘아 올림으로써, 나를 괴롭히는 분노의 감정을 함께 무너뜨리고 있었다. 일종의 대리만족이었다. 그렇다고 앵그리 버드 게임을 하면서 날려버린 스트레스와 분노가 아예 사라진 것은 아니었다. 나는 언제나 스트레스를 받았고, 줄곧 분노했다. 그것도 아주 쉽게.

앞에서 말한 것처럼 화가 났을 때 이를 표현하는 것은 정상적인 것이다. 감정을 억누르는 것보다 드러내는 것이 감정 해소에 도움이 된다. 하지만 화가 날 때마다 매번 화를 내는 것도 때로는 지친다. 매번 같은 실수를 반복하는 애인에게 똑같은 말을 재생하면서 화를 낸 경험, 말을 안 듣는 동생에게 잔소리하다가 이러는 내 입만 아프다고 생각했던 경험이 있지는 않은가. 어쩌면 나와는 상관없어 보이는 TV 속 어떤 사연에 버럭 화를 낸 적도 있을 것이다.

하지만 냉정하게 생각해보면 내가 느끼는 무수한 분노의 그 어떤 일도 화를 내었으면 해서 발생한 것이 아니었다. 한 걸음 뒤로 물러나 보면, 그것들은 그저 일어난 사건이었고, 내가 붙잡지 않고 흘러가도록 두면 영향을 미칠 것이 아니었다. 내 신경을 긁는 어떤 행동이나 사건은 사실 그들이 그런 의도를 가지고 한 것이 아니라는 것을 알게 되면 화를 느끼지 않게 된다. 그런데 나는 이런 사실을 모른 채 눈썹을 곧추세우고, 미간에 내 천(川)자를 새긴 채 무턱대고 분노하고 있었다.

그렇다면 이미 우리 마음에 화라는 감정이 끓어 올랐을 때는 어떻게 하면 좋을까. 고대 로마의 철학자 세네카는《화 다스리기》라는 책에서 "화라는 적을 최전방에서 물리쳐라"라고 말했다. 화를 초기에 해결하지 않고 묵히다 보면 폭발의 시기가 온다. 풀어내지 못한 화로 인해 마음의 병에 걸리지 않기 위해서는 화를 해소할 줄 알아야 한다. 이제 내게 제법 효과가 있었던 방법 몇 가지를 소개해보고자 한다.

먼저, 화가 났다면 심호흡을 여러 번 하면서 20~30초 정도 잠시 시간을 갖는다. 화가 났을 때 문제가 되는 최악의 대응 중 하나는 우발적으로 말하고 행동하는 것이다. 화가 났다고 폭력을 휘두르고, 폭언을 하고, 물건을 집어 던지는 행위 등이다. 화가 나면 심장이 빠르게 뛰고 호흡이 가빠지는데 이럴 때는 심호흡이 도움이 된다. 심호흡은 몸에 산소를 고르게 공급해주어서 뇌의 온도를 내리고 근육의 긴장을 풀어주는 효과가 있다고 한다. 또한 심호흡을 하는 동안에는 시간이 걸린다. 짧게 느껴지는 20~30초의 시간 동안, 깊게 숨을 들이마시고 후~ 하고 길게 내뱉는 행위에 집중해보자. 그러면 이성이라는 필터를 거치지 않고 말이 튀어나갈 가능성을 줄일 수 있다.

심호흡을 통해 쿵쾅거리는 심장을 가라앉혔다면 잠시 생각해보자. 단 3분이라도 좋다. '내가 지금 왜 화가 났지? 이게 화가 날 일인가? 화를 내서 해결될 것인가?' 이렇게 질문을 던져보는 것이다. 이런 질문을 통해 진짜 화가 난 이유가 무엇인지 들여다보고, 객관적인 자세를 취하면 나를 화나게 했던 많은 일들이 아주 사소한 일이 되어버리는 경험을 할 수 있을 것이다.

둘째, 자리를 피한다. 화가 났을 때 그 원인 제공자를 마주하고 있는 것은 불 난 집에 부채질하는 꼴이다. 원인 제공자의 얼굴 위로 화나게 한 사건이 떠오르면서 화도 점점 커진다. 그렇기 때문에 화가 쉽게 가라앉지 않을 때는 되도록 그 장소를 피하는 것이 좋다.

나는 좀처럼 화가 풀릴 것 같지 않으면 자리에서 일어나 집 안 곳곳을 걸어 다닌다. 물을 마시러 가거나 화장실에서 손을 씻는 식으로 상황을 피하는 것이다. 상황을 완전히 피하고 싶을 때는 가볍게 산책을 나간다. 산책 나갈 준비를 하다 보면 화나게 한 상황에 보냈던 신경이 줄어들고, 밖으로 나가 트인 공간이나 자연을 보며 바람을 쐬고 걷노라면 화난 것에 맞춰져 있던 포커스가 외부로 옮겨지면서 자연스럽게 화가 누그러진다.

셋째, 화가 난 이유가 무엇인지 정확히 파악하고, 상대방에게 잘 설명해야 한다. 이때 주의할 것은 화가 나서 무분별하게 쏟아내는 말이 아닌 자신이 화난 이유를 말하는 것이다. 화가 났을 때 내뱉는 말은 상대방에게 상처가 되는 말이거나 문제 해결에 도움이 되지 않는 말일 확률이 높다. 맨날 약속 시간에 늦는 친구에게 화가 났다면 "야, 네 시간만 시간이고 나는 뭐 한가한 사람인 줄 알아? 약속을 했으면 빨리빨리 와야지"라며 폭발하지 말고 "앞으로는 약속시간을 지켜줄래? 기약 없이 기다리는 게 힘들어서. 혹시 늦을 사정이 생긴다면 미리 연락을 주는 것도 좋고"라고 말하면 된다. 이것만 기억하자. 화가 나서 생겨난 감정을 표현하지 말고, 화가 난 이유를 상대방에게 설명하는 것이다.

넷째, 화가 풀렸음을 인정하는 것이다. 상대에게 내가 화난 이유를 말하면 상대방이 잘못을 인정하고 사과를 할 것이다. 그러면 화를 푸는 것이 당연하다. 그런데 가끔 심술을 부릴 때가 있다. 상대방의 진심 어린 사과에 화가 누그러졌는데 이때 복잡 미묘한 감정이 머리를 든다. 방금까지 화냈던 사람이 아무 일 없었다는 듯 행동하자니 괜히 민망하고, 상처받은 내 마음을 상대방에게 보상받고 싶어지기도 한다. 그래서 이미 화는 풀렸지만 계속 툴툴거린다.

"치, 몰라. 앞으로 한 번만 더 그러기만 해봐. 그때는 쉽게 화 안 풀 거야."

처음에는 괜히 민망해서 유지했던 감정의 끈을 이어가면 내 마음과 다르게 꺼졌던 화의 불씨는 다시 타오르기 쉽다. 그러니 화를 낼 때도 내 마음을 수시로 들여다봐야 한다. 그리고 '이만하면 괜찮아지지 않았어? 다 풀렸으면 이제 기분 좋게 지내자'라고 스스로에게 말해보자. 그러면 어쩔 수 없이 화를 끌고 갔던 상황에서 자유로워질 것이다.

나 역시 화가 난 상황에서 이런 것들을 의식적으로 시도하는 것이 쉽지만은 않았다. 그럼에도 포기하지 않고 화를 다스리기 위해 노력하는 것은 화라는 감정의 부정적인 힘이 너무 크기 때문이다. 어쩌면 앵그리 버드가 날아가 부순 건물은 화를 나게 한 상대방이 아닌 화에 잠식당해버린 앵그리 버드 자신이 아니었을까.

CHAPTER 04

말하라, 침묵이 능사는 아니다

한 남자가 취업을 하고, 넉넉하지 못한 형편에 싸구려 고시원을 구해 들어간다. 그런데 그곳에 살고 있는 사람들의 행동이 어딘가 묘하다. 집에 들어오면 이상한 소리가 들리고, 감시받는 것 같고, 방 안에 누군가 침입한 흔적도 있다. 그가 살고 있는 고시원에서는 살인이 일어나고 남자 역시 그럴 위기에 놓인다.

웹툰 원작 드라마 〈타인은 지옥이다〉의 간단한 줄거리다. 이 드라마를 보면서 스토리보다 마음에 들었던 것은 '타인은 지옥'이라는 이 제목이었다. 나 역시 타인이 지옥이라는 표현에 공감한 경험이 있기 때문이었다.

프랜차이즈 회사에 다녔던 나는, 본사와 가맹점을 연결하는 역할을 했다. 점포를 잘 유지하도록 가맹 점주를 돕다 보니 크고 작은 문제가 생길 때마다 그것을 해결하는 것 역시 내 몫이었다. 그런데 그 과정에서 가맹점주의 폭언을 듣거나 블랙 컨슈머의 비위를 맞춰야 하는 경우가 비일비재했다. 옳은 것을 옳다고 말하고, 그른 것을 그르다고 말하지 못하는 상황도 생겼고, 이런 불쾌한 상황이 계속되자 내 마음에 점점 화가 쌓였다.

일을 시작한 지 3개월이 되지 않아 회의가 밀려왔다. '나도 한 가정의 소중한 딸인데 왜 이런 취급을 받아야 하는 거지?' 사표를 내고 싶은 마음이 굴뚝같았지만, 취업 걱정에 용기를 낼 수 없었다. 그래서 꾹꾹 참으며 회사에 다녔다.

그렇게 1년쯤 지났을까. 나는 어느새가 분노하거나 납득할 수 없는 상황이 발생해도 무덤덤해졌다. '이번 주도 역시 일이 터졌구나'라고 생각하며 상대방을 찾아가 사과하고, 애원하고, 설득하며 일을 처리했다. 이렇게 변한 자신을 바라보면서 '내가 스트레스와 분노를 컨트롤 할 수 있는 경지에 이르렀구나' 하는 생각과 함께 이 정도면 사회생활에 잘 적응했다는 생각을 하기도 했다.

그런데 그것은 나의 착각이었다. 언제부턴가 아침에 일어날 때면 한숨부터 나왔다. 매일 밤 내일이 주말이기를 바랐지만, 현실에서 그런 마법이 일어날 리 없었다. 운전을 하면 텅 빈 고속도로에서 속도를 올렸고, 난폭 운전을 하는 사람들에게 거침없이 욕을 날렸다. 초등학생 이후로는 하지 않았던 욕이 자연스럽게 흘러나왔다. 처음엔 이렇게 변한 내가 마음에 들지 않았지만, 왜인지 욕을 하는 것을 막고 싶지 않았다. 그조차 막으면 안 될 것 같았으니까.

시간이 흐를수록 내 변화는 더욱 심해졌다. 가까운 지인을 향해 자주 짜증과 화를 냈고, 일이 손에 잡히지 않았다. 문제가 생기면 '이 일을 처리할 수 있을까' 하는 비관적인 생각이 먼저 들었고, 일이 해결되지 않아 나쁜 피드백을 받을 땐 자기비하가 심해졌으며 우울감이 밀려왔다. 그야말로 부정적인 감정에 사로잡힌 나날들이었다. 거기에 수면장애와 폭식까지. 축복인 줄 알았던 사회생활은 지옥이나 다름없었다.

그때의 나는 〈타인은 지옥이다〉의 주인공 같은 모습이었다. 나를 둘러싼 타인은 그야말로 지옥이었다. 나는 그 지옥 속에서 타인이 아닌 나를 갉아먹으며, 삶을 살지 못하고 견뎌내고 있었다. 나는 왜 타인이라는 지옥에 갇혀, 부당한 것에 대항하지 못하고 화가 난다고 드러내지 못했을까. 회사의 대표로서 일을 잘 해야 한다는 생각 때문에? 상사로부터 비난을 받지 않으려고? 물론 이런 생각들도 원인이었지만, 가장 근본적인 이유는 나의 편견 때문이었다. 나는 업무 중에 화를 내지 않는 것이 프로페셔널하다고 생각했다. 화를 잘 참는 사람은 군자이자 지식인이고, 화를 잘 내는 사람은 소심하고 미성숙한 사람이라고 생각했다. 그래서 나는 괜찮은 사람이고,

흔들리지 않는 사람이고, 평온한 사람이라는 인식을 심어주고 싶은 욕심에 화를 참았다. 하지만 배설하지 못한 감정의 앙금은 생각했던 것보다 더 크게, 그리고 최악의 방법으로 나를 구속했다. 지금 생각해보면 이 얼마나 웃긴 생각인지 모른다. 그리스 로마의 신들은 화가 나면 사람을 동물로 만들고, 전쟁을 일으키며 분풀이를 하는데, 하물며 인간인 나는 화가 나는 것조차 억누르고 있었다니(아, 물론 분풀이를 하라는 말은 아니니 오해 마시길 바란다).

잘 적응하는 것처럼 보였던 내가 결국 부정적인 감정들에 휩싸인 이유는 바로 이것이다. 나의 잘못된 판단과 사회가 요구하는 감정의 억압. 나를 화나게 만드는 상황을 교정하지 못하고 오히려 그들이 옳았던 것처럼 행동해야 했기에, 그런 부자연스러움이 만들어낸 나의 분노는 해소되지 않은 채 마음속에 저장되었다. 그러나 마음의 용량도 한계가 있다. 더는 저장할 수 있는 여유 공간이 없어지자 마음이 이러다 터질 것 같다는 신호를 보냈다.

어떤 이유로든 화가 나면 침묵을 선택하는 경우가 많다. 때로는 자존심에, 때로는 감정에 휩쓸려서, 때로는 알아주길 바라서, 아니면 나처럼 그것이 옳다고 생각해서 우리는 종종 분노 앞에서 꿀 먹은 벙어리가 되기를 선택한다. 그러나 말하지 않으면 화가 난 상황은 전혀 해결되지 못하고, 우리의 마음

역시 줄곧 불편하다. 이런 불편함을 해소하기 위해서는 말해야 한다. 게다가 사람마다 화가 나는 기준이 달라서 나한테는 화나는 일이 상대방에게는 전혀 기분 나쁘지 않은 일일 수 있다. 상대의 아무 의도 없는 행동에 나 혼자 화를 내고 있는 것만큼 안타까운 경우도 없다. 그러므로 이런 불상사를 막기 위해서라도 내가 왜 화가 났는지 말해야 한다. 그래야 상대방 역시 내 마음을 이해하고, 자신의 말과 행동으로 인해 누군가의 마음이 다칠 수도 있음을 알게 된다. 말하지 않으면 나를 찾아오는 부당함은 해소되지 않는다.

하지만 '이제부터는 꼭 말해야지.'라고 다짐하며 노력해도 쉽게 내 속마음이 입 밖으로 나오지 않을 때가 있다. 아직은 상대방에게 자신의 솔직한 감정과 생각을 말할 용기가 없다면 말하는 것이 아닌 침묵을 선택하게 된다. 그럴 때는 적어도 자신이라도 본인의 이야기를 들어주면 좋겠다. 타인에게 말하는 것이 큰 도전이라서 아직 머뭇거려진다면, 비교적 작은 용기로 내 감정을 해소하는 방법을 선택해보는 것이다. 일과를 마치고 일기를 써도 좋고, 혼잣말을 해도 좋다. 인형을 앞에 놓아두고 대화를 나누듯 말을 해봐도 좋다. 그렇게 마음속 앙금을 걸러내고 나면 내 마음은 훨씬 건강해질 것이다. 그리고 이런 과정을 통해 자신의 생각을 드러내는 것이 수월해지면 점차 상대방에게 말할 수 있는 용기가 생길 것이다.

PART 2

세상에서 내가
가장 불행한 것 같아

불행을 행복으로 바꾸는 힘은 아주 큰 힘이다.
내 삶 전체를 뒤바꿀 수 있는 힘.
우리는 이런 어마어마한 힘을 가진 존재다.

CHAPTER 05

나는 언제 가장 행복한가

'당신은 지금, 행복하십니까? 어떨 때 가장 행복하십니까?'

어느 누구도 내 행복에 관심을 가져주지 않았을 때(아이러니하게도 나를 포함해서) 난생처음 "지금 행복하세요?"라는 질문을 받았다. 나는 고민할 겨를도 없이 "네"라고 자신 있게 대답했다. 그런데 왜 행복하다고 생각하냐는 다음 질문이 이어졌을 때는 쉽게 대답할 수 없었다. 그리고 대화를 이어갈수록 슬픔이 북받쳐 올라 눈물을 흘리고 있었다. 나는 당황했다. 사랑하는 사람을 만나 안정적인 가정을 꾸렸고, 비바람을 막아주는 안식처가 있었으며, 맛있는 것을 사 먹고 가끔 여행을 다닐 정도의 경제력이 있었다. 아픈 몸도 회복되어 자유롭게 생활할 수 있었으니 내게는 부족한 것이 없었다. 누가 봐도 행복한 상황에서 나는 왜 눈물을 흘렸을까. 그 눈물은 어떤 의미였을까. 그날 그렇게 울면서 나는, 내가 언제, 무엇을 해야 가장 행복한지 모른다는 것을 깨달았다. 그러니 눈물의 진정한 의미를 알아내기 위해 내 상태를 돌아볼 필요가 있었다. 다시 질문을 바꿔 물었다. '너는 왜 행복하지 않다고 생각했니?'

이 말을 듣고 의아할 수도 있겠다. 풍요롭지 않아도 스스로 부족함을 느끼지 않을 정도의 삶을 살면서 불행의 원인을 찾고 있는 것이 어딘가 부자연스럽게 보이고 배부른 소리를 하는 것처럼 들릴 수도 있을 것이다. 하지만 건강, 사랑, 경제력 같은, 흔히 말하는 행복의 조건들을 갖추었음에도 어딘가 채워지지 않는 부족함이 있었고, 그것은 스스로 불행하다고 생각하게 만들었다. 확실한 것은 행복한 상황 속에서도 나를 불행하게 만드는 강력한 요소가 존재한다는 것이었다.

나의 두 번째 직장은 아무리 생각해도 비전이 없었다. 10년, 20년 그곳에서 일할 생각을 하니 숨이 턱 막혔다. 일에 변수가 너무 많았고, 장거리 운전을 하면서 건강이 급격히 나빠졌다. 무엇보다 나의 자존감을 무너뜨리는 사람들을 상대하는 것은 견딜 수 없었다. 그래서 이직을 결심했다.

나는 글을 쓰고 싶었다. 글만 쓰는 것이 아니고, 글이 벌이가 되는 작가가 되기를 꿈꿨다. 그런데 그때 세상의 속삭임이 들렸다. 언제 이룰지 모르는 전업 작가의 꿈을 꾸겠다고? 그 불확실한 미래로 모험을 하겠다는 거야? 한창 돈을 벌어야 하는 나이에? 그런가?! 내가 세상의 속삼임에 주저하고 있을 때 세상은 다시 한번 속삭였다. 그러지 말고 안정적인 것을 준비하는 것은 어때? 공무원 시험을 보는 게 좋지 않을까. 나이 제한 없으니 공부를 열심히 한다면 합격할 수 있을 거야. 글은 50살, 60살 되어 써도 충분해.

결국 마음이 돌아섰다. 나이와 학벌과 경력을 보지 않는데다 끝이 보이는 경쟁이니 해볼 만한 도전이라고 생각했다. '그래, 세상의 말대로 작가는 나중에 하면 되지. 공무원 시험을 목표로 하자.' 이렇게 결정을 내린 나는 공무원 시험 준비에 돌입했다. 그런데 결과가 좋지 않았다. 합격자 명단에 내 이름이 없었던 것이다. 시험에 계속 떨어지자 내가 한심하게 느껴졌다. 내게 공무원이 되라고 종용한 세상의 속삭임이 원망스러웠고, 그런 선택을 해서 실패한 자신이 바보 같았다. 슬픔과 무기력함에 빠져 멍하게 있을 때가 많았고, 매일 울고 화내며 지냈다.

아이러니하게도 다른 면에서 보면 내 인생 가장 안정적이었던 시기에 내 마음은 가장 불안정했고, 하루하루가 불행했다. 무너진 자존감이 다른 행복들을 보지 못하게 내 눈을 가렸다. 합격이라는 글자를 찾을 수 없었던 순간의 패배감이 내 삶의 의미조차 찾을 수 없게 만들었다. 고통스럽기만 한 이 삶이 빨리 끝나기를 빌었다.

그런데 그 무렵, 함께 글쓰기 특강에 가지 않겠냐는 연락을 받았다. 나는 어떤 마음 때문이었는지 그 자리에서 그러겠노라고 대답했다. 그리고 우연히 참석한 글쓰기 특강에서 다시 하고 싶은 것을 찾았다. 세상의 기준에 맞춰 생각하고 결정했던 공무원이 되고 싶다는 꿈을 버리고, 오랫동안 미뤄왔던 작가라는 꿈을 다시 꾸기 시작했다. 세상이 옳다고 생각하는 기준이 아닌, 내가 원하고 옳다고 생각하는 기준에 따라 살기로 마음먹었다. 그렇게 하기 시작하니 나를 불행하게 만들었던 것들이 조금씩 사라졌다. 아니, 정확히 말하면 행복함을 느끼지 못했던 것들이 행복하게 느껴지지 시작했다.

불행을 행복으로 바꾸는 힘은 아주 큰 힘이다. 내 삶 전체를 뒤바꿀 수 있는 힘. 우리는 이런 어마어마한 힘을 가진 존재다. 우리가 가진 이 힘으로 나를 불행하게 만들 수도, 그 불행을 끝낼 수도 있다. 그러므로 내 기준이 아닌 세상의 기준에, 혹은 주변인의 기대에 부응하기 위해 자신을 숨기고 있다면 당신이 가진 그 힘으로 불행의 고리를 끊어내길 바란다.

영국의 경제학자 존 스튜어트 밀은 《자유론》에서 이렇게 말한다.

"모든 인간의 삶이 어떤 특정인 또는 소수 사람들의 생각에 맞춰져 정형화되어야 할 이유는 없다. 누구든지 웬만한 정도의 상식과 경험만 있다면, 자기 방식대로 살아가는 것이 가장 바람직하다. 그 방식 자체가 최선이기 때문이 아니다. 그보다는 나는 당신이 진정으로 원하는 것을 하며 살아가길 바란다.
내가 원하는 것을 하며 진정한 행복을 느끼기 시작한 것처럼
당신의 삶 역시 그럴 수 있기 때문이다.

자기 방식대로 사는 길이기 때문에 바람직하다는 것이다."

그의 말처럼 우리의 선택이 최선의 선택은 아닐 수 있다. 내가 작가의 길을 걸어가는 동안에도 시련과 슬럼프가 찾아올 것이다. 때로는 후회하고, 때로는 선택하지 않은 길에 미련이 남아 뒤를 돌아볼 수도 있다. 하지만 이 길은 내 방식대로 선택한 길이기에 나는 모든 것을 감내할 용기가 있다.

나는 당신이 진정으로 원하는 것을 하며 살아가길 바란다. 내가 원하는 것을 하며 진정한 행복을 느끼기 시작한 것처럼 당신의 삶 역시 그럴 수 있기 때문이다. 그러나 중요한 일을 과감히 결단하기에는 큰 용기가 필요하다. 지금 다니고 있는 회사가, 지금 배우고 있는 공부가 마음에 들지 않는다고 해서 당장 그만두고 나오는 것은 당연히 어려운 일이다. 그러니 작은 일부터 당신의 행복을 위한 일을 시작해보면 어떨까. 예를 들면, 원치 않는 모임에 억지로 참석하는 시간을 내가 좋아하는 일을 배우는 시간으로 활용하는 것이다. 꿈과 미래 같은 거창한 것이 아니어도 좋다. 아주 사소한 것부터 나의 뜻대로 선택해보자. 세상의 방식이 아닌 자신의 방식대로 사는 삶에는 행복이 가득할 것이다.

CHAPTER 06

지나간 것은 지나간 대로

시간은 흐른다. 지금 내가 이 글을 쓰고 있는 순간도, 당신이 이 글을 읽고 있는 시간도 찰나의 순간에 과거가 되어버린다. 시간이 흘러가는 것은 잡을 수 없다. 아쉽다고, 원한다고 해서 끄집어 당겨 현재로 데려올 수는 없는 노릇이다. 흐르는 시간을 잡아둘 수는 없지만, 여전히 과거의 기억을 붙잡아 그것과 함께 사는 사람들이 있다. "내가 왕년에 말이지"라는 말로 잘나갔던 과거를 운운하며 그렇지 못한 현재를 비관하는 사람이 있는가 하면, 힘들었던 자신의 과거에 사로잡혀 "예전에 이렇게 실패했는데 이번에 잘할 수 있을까" 하며 두려움에 벌벌 떠는 사람도 있다.

이들의 공통점은 잘난 과거든 못난 과거든 과거의 그늘에 가려 단 한 걸음도 미래를 향해 나아가지 못한다는 것이다. 그들은 오직 과거의 시간을 반추하며 현재를 구속하고 있다.

그것이 또 다른 불행의 서막인지도 모른 채. 냉정하게 말하면 소 여물 먹듯 자꾸만 과거를 곱씹는 것은 우리의 인생에 아무런 도움이 되지 않는다. 오히려 쓸데없는 감정 낭비만 부추길 뿐이다. 과거의 경험이 현재를 살아가는 지침이 될 수는 있지만, 그 이상으로 무엇이 되어주지는 않는다.

학창시절 사귄 남자 친구가 한 명 있었다. 그 남자 친구와는 성격이 비슷해 그것이 원인이 되어 자주 싸웠다. 싸움이 지속되자 서로에게 소원해지기 시작했다. 하루에 한 번 왔던 연락이 점점 뜸해졌다. 그런 아슬아슬한 관계를 이어가다 친구에게서 남자 친구의 소식을 들었다. 모월 모일에 영화관에서 웬 여자와 팔짱을 끼고 들어가는 것을 목격했다는 것이다. 바람을 피우다니… 그나마 남아있던 신뢰가 무너지자 질질 끌어온 연인 관계를 정리했다.

그런데 문제는 다음 만남에서 터졌다. 새로운 남자 친구를 만나려니 겁이 났다. '연애에 실패했는데 이번에는 잘 만날 수 있을까? 또 싸우면 어쩌지?' 하며 걱정했고, 용기 내어 연애를 시작했을 때는 '이 사람도 바람피우면 어쩌지?' 하는 또 다른 걱정이 생겼다.

나는 옛 남자 친구의 행동과 새로 사귄 남자 친구의 행동을 비교하며 남자 친구를 의심했다. 의심이 깊어질수록 사랑은 커지지 못했고, 결과는 다시 헤어짐이었다. 그때의 나는 누구와 연애를 하고 있었을까. 힘들었던 과거의 연애 기억에 사로잡혀서 또다시 실수를 반복하며, 불행한 현재를 살고 있었던 건 아닐까. 과거를 끌어와서 현재에 비춰본다 한들 달라지는 것이 있을까. 오히려 그렇게 할수록 현재만 더 불행해지는 것은 아닐까. 지나간 것은 그저 지나간 것일 뿐, 현재에는 아무런 의미가 없다. 과거에 미련을 둔다고 이미 지난 것들을 어찌해볼 수도 없지 않은가. 우리가 어찌해볼 수 있는 것은 오직 현재일 뿐이다. 노력하면 현재는 나아지지만, 과거는 노력해도 바뀌지 않는다.

잘나갔던 과거를 자꾸 되돌아본다고 그때의 영광이 되살아나는 것도 아니다. 과거의 슬픔과 영광을 되뇔수록 불행해지는 것은 현재의 자기 자신일 뿐이고, 과거를 떠올리며 아무것도 하지 못하는 오늘은 또다시 어둡고 불행한 과거를 길게 늘일 뿐이다. 그러니 과거의 일은 과거로 묻어두자. 힘든 과거를 일찌감치 끊어내면 더 나은 오늘을 희망하며 살 수 있다.

과거에 연연해서 현재를 살지 못하는 것처럼 현재를 살아가는 데 도움이 되지 않는 것이 또 있다. 바로 현재의 기쁨을 미래로 유보한 채 현재를 인내하며 사는 것이다.《나의 하루는 4시 30분에 시작된다》의 저자 김유진 변호사는 '변호사가 되기 위해 공부할 때, 나는 많은 일들을 합격 이후로 미뤘다' 라고 고백한다. 그 당시 가장 중요하게 여겼던 변호사 시험

합격을 위해 건강, 즐거움, 휴식 같은 공부 외의 것들을 사치라고 여겼다고 했다. 변호사가 된 이후에 미뤄뒀던 건강 찾기와 취미생활도 가능하리라고 생각했다. 하지만 그는 변호사가 되어서도 여러 사정이 생겼고, 결국 미뤄뒀던 일들을 하지 못한다는 것을 깨달았다. 그래서 그는 "'이걸 하고 나면'이라고 생각하며 인생에 필요한 작은 행복을 미루지 않게 됐다"라고 말한다.

우리는 현재의 행복을 미래로 유보하는 일에 너무나 익숙하다. 고등학생 때는 대학교에 들어가면 즐겁게 생활할 수 있을 거라며 공부에 매진하고, 대학생이 되었을 때는 취업을 하면 돈이 생기니 즐겁게 살자며 또다시 행복을 미룬다. 취업을 하면 일을 배우고 난 뒤 안정적인 위치가 될 때까지 미루고, 승진해서 경력도 쌓고 돈을 제법 모아도 '은퇴 뒤에는 원하는 일 실컷 하면서 살아야지' 하며 또다시 치열하게 살기를 택한다. 삶의 과정 속에서 즐길 수 있는 수많은 행복을 누리지 못한 채 기꺼이 순례자의 길을 자청한다. 그러나 불행하게도 우리가 유보한 행복은 저축되지 않는다. 미래의 행복을 위해 오늘 고통을 감내한다고 해서 그 행복이 미래에 찾아오리라는 보장이 없다(물론 노력하고 인내한 열매를 미래에 수확할 수도 있겠지만, 수확이 가능하다는 것 역시 불확실하다).

또 한 가지 불편한 진실은 행복의 순간을 뒤로 미룰 수 있을지는 몰라도 우리에게 다가오는 죽음의 순간은 뒤로 미룰 수 없다는 것이다. 생각해보라. 언젠가 찾아올 행복을 누리기 위해 지금의 고통을 인내하며 하루하루를 보내고 있었는데, 어느 날 갑자기 내가 죽게 된다면, 그 얼마나 억울하고 분통 터지겠는가. 내가 만약 내일 죽게 된다면, 결코 오늘의 행복을 미루고 싶지 않을 것이다. 그러므로 내가 살아 숨 쉬는 지금 이 순간을 즐기며 살아야 한다. 오직 이 순간 내가 원하고 좋아하는 일을 하며 행복을 누려야 한다. 이것은 거창한 것이 아니다. 공무원 시험 공부하느라 시간이 없겠지만 가끔 산책을 하고 운동을 하고 커피 한 잔 마시며 사색을 해보자. 매일 야근하느라 힘들겠지만 주말에라도 근교에 나들이를 떠나보자. 반복되는 일상에서 벗어나 새로운 경험을 하는 것도 행복감을 준다. 학비를 모으기 위해 아르바이트를 하며 악착같이 돈을 모아야 하는 신세더라도 한 달 동안 고생한 나를 위한 작은 선물을 준비해보자. 오천 원짜리든, 만 원짜리든 가격이 중요하지 않다. 나의 행복을 위해 지금 당장 무엇을 했다는 사실이 더 중요하다.

우리의 과거가 행복했는지 아닌지를 결정하는 것은 오늘 이 시간을 어떻게 보냈느냐에 달렸다. 언젠가 찾아올 행복을 그리며 현재를 인내의 순간으로만 가득 채우지 않고, 소소한 행복을 경험하는 것이 현재를 더 행복하게 하는 것이고, 이런 현재가 과거가 되었을 때 힘들었어도 행복했던 과거가 되는 것이다. 지금 아낀 당신의 행복은 저축되지 않는다. 오직 행복감으로 인해 얻은 효용이 저축될 뿐이다.

CHAPTER 07

내 행복은 내 것, 네 행복은 네 것

어렸을 때 어머니는 생선구이를 하시는 날이면 항상 생선의 머리와 꼬리만 드셨다. 치킨을 먹어도 날개와 목, 퍽퍽한 가슴살만 드셨고, 애석하게도 빵이 하나만 남아있는 날이면 "엄마는 배가 고프지 않다"며 나에게 빵을 양보했다. 그러고는 항상 입버릇처럼 말씀하셨다.

"엄마는 네 입에 음식 들어가는 것만 봐도 배가 불러."

하지만 친구들이나 지인과 치킨을 먹을 때는 내 몫의 닭다리가 남아 있지 않았다. 친구들은 우스갯소리로 "너는 단백질이 많이 필요하니까 닭 가슴살 먹어"라고 했고, 남편과 먹을 때는 남편 앞에 닭다리 뼈 2개가 놓여있을 때가 다반사였다. 내 몫으로 남아 있지 않는 닭다리를 보며 나는 새삼 깨달았다. 엄마는 닭다리를 내게 양보하고 있었음을.

물론 닭다리 하나 못 먹는다고 불행한 건 아니다. 사랑하는 가족과 친구들이 먹는 거니 오히려 행복했다. "네 입에 음식 들어가는 것만 봐도 배가 불러"라는 말은 진짜 배가 불러서 하는 말이 아니었다. 소중한 사람이 느끼는 행복감이 내게도 행복감을 주어 그것이 내게 없어도 결핍을 느끼지 못하게 한 것이다. 오히려 닭다리를 뜯으며 만족해하는 상대의 모습에 내가 행복해진다. 네가 웃으니 나도 웃고, 네가 행복하니 나도 행복하다. 그 시절 어머니들에게는 이런 마음이 강하지 않았을까.

하지만 어느 때는 닭다리 하나에 예민해질 때가 있었다. 그럴 땐 '내가 좋아하는 것을 왜 양보해야 하지?' 하는 의문이 들었다. 여느 때처럼 어머니께서 닭다리를 내게 건넸을 때 나는 어머니께 닭다리를 권하며 말했다.

"엄마, 나는 자식 낳아도 닭다리는 내가 먹을 거야. 뭐든 식구 수 맞춰서 살 거고. 내 것 빼앗아 먹으면 참지 않을 거야."

엄마는 "자식 낳아봐라. 그게 되는지"라고 하셨고, 혹자들은 그런 내게 "냉정하네, 예민하네, 자기만 생각하네"라고 말하기도 했다. 장난치는 듯한 말투였지만, 나는 '내가 원하는 것을 누리겠다는데 그게 왜 나쁘지?'라고 생각했다. 비약으로 보일 수도 있겠지만, 이런 생각이 들었다.

'그래서 다들 그렇게 양보하는 건가? 내 행복을 추구하면 나쁘게 생각할까 봐.'

그런데 문제는 언제나 예기치 않은 곳에서 찾아오기 마련이다. 결혼한 A씨의 이야기다.

오랜만에 시댁 식구들과 모인 자리였다. 저녁 메뉴는 소고기였고, 가족들이 먹을 고기를 구워 날랐다. 그리고 밥을 다 먹은 남편이 교대를 한다고 왔을 무렵 밥을 먹으려고 하니 접시에는 식어버린 고기 몇 점이 남아 있을 뿐이었다. A씨는 뒤늦게 수저를 들었지만, 배가 부른 가족들은 하나둘 젓가락을 내려놓고 뒤로 물러나 앉기 시작했다. A씨는 부랴부랴 밥을 먹고 덜 채운 배를 뒤로하며 상을 치우러 일어났다.

A씨는 이제 싱크대 앞에 섰다. 대식구가 만든 설거지거리들을 씻어 올리는데, 물소리를 뚫고 가족들이 TV를 보며 웃고 떠드는 소리가 들려왔다. 단란한 가족의 모습. 그야말로 행복 그 자체였다. 그런데 설거지를 할수록 A씨의 기분은 안 좋아지기 시작했다. 머리에 밴 진한 고기 냄새만큼 제대로 먹지도 못했다. 상을 치워야 하니 밥도 먹는 둥 마는 둥 했다. 그리고 지금 자신만 싱크대 앞에 서 있다. 가족을 위해 이 정도 하는 것쯤은 어렵지 않았다. 아니, 어려워도 화목한 가정을 위해 노력하는 것쯤은 얼마든지 가능했다. 그런데 A씨는 그 날 그릇들 위로 눈물을 뚝뚝 떨궈가며 설거지를 했다.

그날 밤, A씨는 피곤한 몸을 이끌고 잠자리에 누웠지만 도무지 잠에 들지 못했다. 갑자기 자신을 찾아온 슬픔과 눈물에 생각이 많아졌다. A씨는 가족을 위해 자기 하나쯤 희생하는 것을 당연하게 여겼다. 어쩌다 한 번 있는 일이니 며칠 정도 고생하면 될 일들이었다. 하지만 가족들은 이런 A씨의 희생에 아무런 감사함을 느끼지 않았다. "고기 굽느라 고생했을 텐데 마음 편히 많이 먹어라" 이런 배려의 말도 없었다. A씨는 가족의 행복을 위해 노력했지만, 다른 어느 누구도 A씨의 행복을 신경 써주는 사람이 없었다. A씨는 이때 깨달았다.

'네가 행복하다고 해서 그것이 진정한 내 행복은 아니구나.' 그래서 내린 결론이었다. '내 행복은 내가 만들어야 하는구나.'

우리는 신이 아니다. 예수나 부처가 아니다. 그래서 타인의 행복을 보는 순간 나의 행복을 돌아본다. 감정은 전염성이 있고, 인간은 사회적 동물이라 원만한 관계를 위해 감정에 동조하고 동화되지만, 등을 돌리고 시간이 지나면 전염성이 사라지고 일시적으로 씌어 놓은 가면도 벗어지면서 진짜 내 마음의 목소리가 들린다.

'그런데 나는…?'

그러므로 '네가 좋으면 나도 좋아. 네가 행복하니 나도 행복해'가 아니라 온전히 나로 인해 느끼는 행복감을 찾아야 한다. 그것이 진짜 행복이고, 진짜 행복이 나를 진정으로 기쁘게 만든다. 타인의 행복으로 인해 느낀 행복은 잠깐이면 사라지지만, 온전한 나의 행복은 짜증스런 일이 생겨도 사라지지 않는다.

　그날 이후로 A씨는 달라졌다. 밥상을 차리고 있을 때 남편을 시켜 고기를 먼저 굽게 해서 가족들과 함께 식사한다. 설거지를 할 때도 남편과 함께하고, 가족들이 모여 이야기를 나눌 때는 자신도 그 자리에 함께 모여 대화를 나눈다. 그렇게 자신이 원하는 것을 얻기 위해 노력하니 혼자 슬픔에 빠져 눈물 흘리는 일이 줄어들었고, 시가 식구들과 만나는 것이 스트레스로 다가오는 일도 줄어들었다.

　내 행복을 얻는 방법은 어쩌면 이렇게 단순하다. 바로 내가 원하는 것, 내가 좋아하는 것, 내가 하고 싶은 것을 말하는 것이다. 반문이 들 수도 있다. '그게 그렇게 쉬웠으면 내가 여태껏 말하지 못하고 참고 있었겠냐'라고. 물론 내가 원하는 것을 말하는 것이 어려울 수 있다. 이기적으로 보일까 봐, 무례해 보일까 봐, 상대가 기분 나쁘게 받아들일까 봐 지레 겁을 먹고 눈치를 보게 되니 어려운 일로 느껴지기도 할 것이다.

　하지만 다시 생각해보자. 내가 원하는 것을 눈치 보지 않고 상대방에게 말해본 적이 있는가. 내 경우는 좀처럼 그런 기억이 떠오르지 않았다. 그리고 막상 마음을 먹고 실천했을 때 내가 원하는 것을 말하는 것이 생각처럼 어려운 일이 아니라는 것을 알게 되었다. 또한 막상 시도해보면 상대방도 별 저항 없이 받아들였다. 그래서 나는 요즘 당당하게 말한다. "이

거 닭다리 하나는 내 거야. 나는 맛있는 건 나중에 먹는 타입이니까 내 거 남겨둬"라고. 그렇게 나를 위해 남겨진 닭다리를 보면 행복하다.

말해도 된다. 그것이 나의 행복을 구하는 길이라면 더더욱 말해야 한다. 말해야 안다. 말하면 행복을 얻을 수 있다는 것과 상대는 내가 생각했던 것보다 예민하게 받아들이지 않는다는 사실을. 오늘도 주저했다면, 눈 딱 감고 한 번만 말해보자. 한 번 뗀 발걸음은 탄력을 받아 나아갈 것이다. 나의 행복을 가져다주는 길로.

CHAPTER 08

우울할 땐 우울감 한 숟가락 더

때로는 어떤 사건 없이 우울감이 밀려올 때가 있다. 방금까지 기분 좋았는데 점점 처지는 느낌이 든다. 내 기분은 계속 아래로 잡아 당겨지고 어느덧 우울감의 한가운데 있는 나를 발견한다. 이런 경우는 슬플 때 주로 나타난다. 내가 아닌 타인의 슬픔을 목도했을 때.

우리는 상대방의 감정을 마치 내 감정인 양 받아들이는 능력이 있다. 공감능력이다. 상대가 슬플 때 웃지 않고 함께 슬퍼하는 것, 상대가 힘들 때 표정이 굳어지며 같이 힘들어하는 것. 모두 공감능력이 있기 때문이다. 이 능력은 가상세계든, 과거든, 꾸며낸 이야기든 구별하지 않고 발휘된다. 그래서 슬픈 영화를 보거나 비극적인 뉴스 기사를 보고 나면 함께 슬퍼하고 분노한다.

호르몬의 변화에도 우울감이 밀려오고는 했다. 이때는 정말 이성으로는 도저히 제어되는 않는 지독한 감정의 마법에 걸린 기분이었다. '내가 왜 이러는 거지?'라고 생각했지만 우울감은 나를 통제할 수 없게 만들었다. 이렇게 우울해지는 날이면 머리는 멍하고, 눈이 반쯤 풀리고 초점이 흐려지는 느낌이었다. 밥도 먹는 둥 마는 둥 하고, 일도 손에 잡히지 않았다. 의욕이 떨어지고, 무기력해지고, 잠만 자고 싶다거나 반대로 잠을 못자는 경우가 생겼다. 가슴이 답답했으며, 불안감을 느끼기도 했다.

감정은 때로는 가만히 두면 해소되기도 한다. 회복 탄력성이 있기 때문이다. 일상적인 상태로 돌아가려는 그 성질 덕분에 우울감과 또 다른 많은 감정이 시간이 지나면 사라진다. 그렇기에 마땅히 내가 어찌할 방법이 없는 문제로 발생한 우울감은 가만히 두는 것이 하나의 방법이었다. 그런데 때가 되도 자연스럽게 회복되지 않고, 우울감이 몇 날 며칠 지속되는 경우가 있다. 한껏 비가 내리고 나면 하늘이 맑게 갤 줄 알았는데, 어디서 수증기가 더해진 건지 우울의 구름이 점점 더 커졌다. 마음의 비가 도무지 그치질 않았다.

우리가 흔히 부정적이라고 생각하는 감정들이 그렇듯, 우울감 역시 부정적인 연쇄작용을 한다. 우울감 → 의욕저하 → 대충 일하기 → 부정적인 피드백 → 우울감 → 의욕저하⋯. 이 흐름이 뫼비우스의 띠처럼 끊이지 않고 뱅뱅 돌며 점차 몸집을 키운다. 그러면 어느샌가 감정에 사로잡힌 나는 아무것도 하지 못하는 무기력한 상태에 빠진다. 때문에 지속되는 우울감은 잘 해소해야 한다.

내가 어찌할 수 없는 것이 원인이 되어 우울감이 찾아왔을 때, 이런 우울감은 어떻게 없앨 수 있을까? 이유를 알면 그것을 해결하면 되겠지만, 원인을 알 수 없거나 이렇다 할 해결 방법이 없을 때는 대략 난감하기만 하다. 나는 이런 우울감을 없애기 위해 다양한 노력을 해봤다. 책을 읽고 강연을 들으며 우울감을 없애는 데 효과가 있다는 방법을 찾았다. 그럴 때마다 전문가들은 다양한 우울감 해소 방법을 제시했다. '긍정적인 생각을 해라, 웃어라, 산책이든 쇼핑이든 기분 선환을 해라, 신나는 노래를 들어라, 운동해라, 우울감 자체를 잊어라' 등등. 우울감을 끊어내기 위해 그들의 조언을 부지런히 따라 해 보았지만 마땅히 효과적인 방법이 없었다. 물론 일시적으로 기분이 나아지기는 했지만, 다시 원점으로 돌아가는 일이 부지기수였다. 어떻게 해야 할까. 사람마다 성격도, 취향도 다른데 그렇다면 우울감을 해소할 수 있는 나만의 방법이 필요한 것은 아닐까. 전국 수재들의 공부법이 조금씩 차이가 나는 것처럼 우울감을 이겨낼 수 있는 나만의 방법을 찾아봐야겠다고 생각했다.

학창시절부터 내가 줄곧 했던 일이 있다. 남자 친구와 헤어지고 슬픔에 빠졌을 때 눈물 콧물 쏟아내며 일기를 썼다. 친구가 내 마음을 몰라줘서 속상할 때도, 원하는 회사에 넣은 입사지원서가 1차 합격의 문턱을 넘지 못했을 때도, 몸이 아파 치료를 받으며 걱정을 하고 있을 때도 일기를 썼다. 이때 느꼈던 우울감이 그 시절 적어 내려갔던 일기장에 가득 담겨 있다. 마치 비련의 주인공이라도 된 듯한 애절한 사연을 글로 한바탕 쏟아내고 나면 우울감이 조금씩 옅어지고는 했다. 그리고 일기를 쓰는 순간에는 항상 노래가 있었다. 절절한 이별 노래, 슬픈 첼로 연주곡, 가슴을 에는 것 같은 바이올린 연주곡, 드럼과 일렉트릭 기타에 맞춰 샤우팅 하는 록발라드를 들으며 일기를 썼다. 그렇게 써 내려간 일기장의 한 부분에는 이렇게 쓰여 있었다.

'요 며칠 우울감에 빠져 아무것도 하지 못했다. 우울감이 파고들어 대척점(지구 중심을 사이에 둔 정 반대편)까지 뚫고 내려갈 기세다.'

한껏 우울한 와중에 슬프고 우울하기 짝이 없는 노래를 듣는 것이 불난 집에 기름을 들이붓는 것처럼 느껴질 수도 있다. 하지만 나는 지금도, 기분이 우울할 때면 자연스럽게 슈베르트의 '죽음과 소녀' 2악장을 무한 반복한다. 가을에는 차분한 노래를 더 많이 듣는 것처럼, 마음이 슬프고 우울하니 사랑 느낌 충만한 밝은 노래는 정신만 산란하게 할 뿐이었다.

그래서 나는 기분이 좋지 않을 때 즐겨듣는 플레이 리스트를 만들어 두었다. 비탈리의 '샤콘느'나 슈베르트의 '죽음과 소녀' 2악장, 라디오 헤드(Radio head)의 'creep', 우리 동네 음악대장의 '봄비', 방탄소년단의 '전하지 못한 진심' 등이 그 안에 담겼다.

하루 몇 시간이고 이렇게 습기 가득한 노래를 무한 반복하며 듣고 있노라면 고요한 침묵 속에 내 감정은 더 이상 내려갈 곳이 없을 때까지 파고들었다. 그리고 감정이 밑바닥까지 내려가고 나면 마치 아무 일도 없었던 것처럼 기분이 좋아졌다.

좀 황당해 보이기도 하고 특수한 경우 같기도 하지만, 나는 이것을 책이나 영화의 클라이맥스에서 비극적인 사건이 해소되는 것을 보고 눈물을 쏟아내면 찾아온다는 감정의 정화 상태, 즉 카타르시스로 받아들였다. 슬픈 노래로 감정을 증폭시키며 실컷 울고, 카타르시스를 겪고 나면 나는 기분의 불순물, 감정의 찌꺼기들을 걸러내고 정상궤도로 재진입했다. 그런데 실제로 이 방법은 과학적으로 효과가 입증이 되었다. 스트레스를 받을 때 생기는 카테콜아민이라는 호르몬이 눈물과 함께 체외로 배출된다는 것이다(물론, 이것 역시 지극히 개인적인 경험이므로 우울감을 달래는 자신만의 방식이 있다면 그걸 해보길 추천한다).

우울감이 느껴지면 '방금까지는 멀쩡하더니 지금 왜 이러는 걸까, 나는 왜 변덕쟁이일까'라며 비난할 필요가 없다. 그것은 내 감정을 정화할 필요가 있다는 신호일 뿐이다. 그럴 때는 볼륨을 크게 해놓고 비탈리의 '샤콘느'를 듣거나 슬프기로 유명한 영화나 드라마를 보면 된다. 그렇게 한바탕 울면서 우리나라 대척점인 우루과이 몬테비데오까지 감정의 굴을 파고 나면 놀랍게도 우울감이 사라진 내 모습을 발견하게 될 것이다.

PART 3

도저히 거절할 수가 없어

부탁은 권리도 의무도 아니다. 반면 우리는 거절할 권리가 있다.
분명하게 상대에게 거절의 말을 건네보자. 거절도 하다 보면 는다.

거절할 권리, 거절당할 의무

일에 치여 산 적이 있었다. 퇴근 시간이 점점 뒤로 밀리고, 주말에도 일해야 하는 날들이 이어졌다. 어느 회사나 그렇듯 언제나 사람 대비 일이 많았다. 그래서 바쁘게 일했지만, 내 시간의 여유를 줄인 데는 나도 한몫했다. 바로 내 일이 아닌 동료의 일까지 내 몫으로 가져왔기 때문이다. 회사 동료가 일손이 부족하니 반나절 정도 시간을 내어 일을 도와줄 수 있겠냐고 물었을 때 거절을 하면 난처함을 느낄 상대방을 배려하느라 그 부탁을 거절하지 못하고 받아들였다. 주중에 해야 할 일이 산더미라 내 코가 석 자였던 상황이었음에도 거절의 말을 꺼내기가 어려웠다. 이런 상황에 부탁을 받아들이니 내가 해야 할 일이 턱 끝까지 차올랐다. 결국 나는 자발적 야근을 택했고, 24시간 카페를 전전하며 결재 서류를 작성했다.

그렇게 무턱대고 부탁을 들어주던 어느 날, 약속한 날이 되었을 때 결국 부탁한 일을 끝내지 못하는 상황이 발생했다. 나를 믿고 있었던 회사 동료는 화를 냈고, 자신의 일이 아니니 대충 한 거 아니냐며 서운한 감정을 드러냈다. 일을 제대로 해내지 못했다는 실망과 미안함, 내 속도 모르고 기분대로 화를 내는 동료에 대한 서운한 감정이 한데 어우러져 내 기분은 엉망진창이 되었다. 자괴감이 들었다.

'왜 이렇게 바보처럼 사는 걸까?'

그렇다고 일을 제대로 처리했을 때 내 기분이 좋은 것도 아니었다. 시간과 노력을 들여 부탁을 들어줬는데, 돌아오는 말은 "어, 잘했네"라는 한마디뿐일 때도 있었다. 그렇게 부탁을 하고 부탁을 들어주는 것이 계속되자 어느 순간 부탁하는 것이 권리인 양 행동하는 사람도 생겼다. 그들은 당당하게 요구했고, 나는 당연하게 받아들였다. 이것이 잘못되었다는 것을 알면서도 앞에서 말하지 못하고 속앓이만 할 뿐이었다.

2020년 10월 구인구직 사이트에서 실시한 설문조사 결과가 꽤 흥미롭다. 직장인 1,441명을 대상으로 '직장생활 말하기(회사어) 구사능력'에 관해 조사한 것인데, 조사 결과 직장인들이 생각하는 회사에서 꼭 필요한 회사어로 20, 30대 응답자의 각 44.4%, 41.7%가 지혜롭게 잘 거절하는 거절어를 1순위로 꼽았다. 또 하나 유의미한 결과는 응답자의 47.4%가 회사어 구사에 어려움을 느끼고 있는데, 직장생활 의사소통시 가장 하기 어려운 말로 '부당하지만 일단 YES라고 해야 하는 긍정어'가 40.5%, '지혜롭게 거절하는 거절어'가 36.4%로 각각 1, 2위에 올랐다. 이 결과를 보면 사람들은 부탁을 거절하는 것에 어려움을 느끼는 것을 알 수 있다. 물론 1,441명이 한국인의 완벽한 표본이 될 수는 없지만, 그럼에도 우리가 가진 거절에 대한 인식에 대해 생각해볼 만한 결과라고 생각한다.

왜 우리는 거절하기를 거절하며 살까. 때로는 상대를 배려하는 마음 때문에 거절하지 못한다. 누가 부탁을 하면 상대방에게 이입되어 내 일처럼 느껴지고, 어렵게 말을 꺼냈는데 거절하면 상대가 상처받을까 걱정이 된다. 그래서 힘든 상황을 도와주고 싶은 착한 마음이 결국 도와주기를 택하게 만든다.

사람들의 평가를 의식해서 거절하지 못하는 경우도 있다. 나는 착한 사람이라는 이미지에 오점을 남기고 싶지 않아서 거절하지 못했고, 내 상황이 정말 여의치 않아서 거절했을 때조차 이기적이고 사회성이 부족한 사람이라며 자책했다. 나보다 늦게 입사한 좀 더 젊은 직원은 "선배님, 제가 지금 해야 할 일이 많아서 도움을 드리지 못할 것 같습니다. 죄송합니다"라고 말했는데, 그 결과 후배는 자신만 생각하는 이기적인 사람이라고 입방아에 오르내렸다. 이걸 옆에서 보고 있자니 나 역시 뒷담화의 대상이 될까 두려웠다. 그래서 나는 부탁의 말에 항상 "물론이지!"라고 응답했다.

한편 소속감을 느끼고 싶어 거절하지 못하는 경우도 있다. 거절했던 과오 아닌 과오 때문에 무리에서 소외받을까 봐 걱정된다. 그래서 이런 자기 위안도 한다. 마치 품앗이를 해놓듯 '내가 상대방을 도와주면 상대방도 언젠가 내 부탁을 들어주겠지'라고. 그 결과 나는 자신을 돌보지 않고 부탁을 들어줬다. 퇴근 시간과 주말까지 반납하면서.

이타심이든, 이기심이든 온갖 심리적인 이유로 거절을 하지 못해서 마음이 병든다. 내 일을 해결하지 못해 실망하고, 무리하게 부탁을 들어주려다 오히려 약속을 지키지 못해서 자괴감이 든다. 그러나 부탁을 하는 사람들은 습관적으로 부탁을 한다. 자신이 하고 싶지 않은 일, 귀찮은 일을 피하기 위해 부탁하는 경우도 있다. 그렇다면 이런 일들을 도움이라는 이름하에 해결해야 하는 내 마음은 어떨까. 타인의 불필요한 일을 해낼 때 내 마음은 정녕 평안할까. 오히려 이런 의문이 들 것이다.

'왜 내가 별 의미 없는 일을 하면서 시간과 체력과 정신을 허비하고 있는 걸까.'

세계적으로 유명한 주식 투자자 워런 버핏은 "No'라고 말하면 미래 시간을 벌 수 있다"라고 말했다. 부탁을 거절하는 순간 남의 일을 도와줄 때 들여야 하는 내 시간이 확보된다.

어디 그것뿐일까. 때로는 부탁을 들어주기 위해 체력과 심리적, 경제적 투자를 해야 할 때도 있다. 그러니 적당한 거절은 시간뿐만 아니라 다른 에너지들을 아끼게 해준다. 그렇게 확보된 시간을 오롯이 나를 위해 쓴다면 어떨까. 그것만큼 가치 있는 일이 또 어디 있을까. 그러니 이제는 거절하지 못하는 심리적 족쇄에서 벗어나 보자. 거절에 대한 우리의 잘못된 인식을 먼저 고치는 것이다. 거절은 나쁜 것이 아니다. 부탁을 들어주는 것이 상대방을 위한 선(善)이라면, 거절하는 것이 나를 위한 선(善)일 때도 있다. 상대방을 수월하고 편하게 해주는 일이 나를 힘들게 만든다면 그것은 나를 위한 선을 실천하는 것이 아니다.

만약 거절해서 미움받게 된다면 그런 미움은 받아도 된다. 부탁하는 사람은 의사를 물어보기 위해 말을 꺼낸 것일 뿐 본인도 거절당할 것을 염두에 두고 있다. 내가 부탁을 들어주는 것은 상대방에겐 예상하지 못한 좋은 일이 생긴 것이고, 설령 거절했다 하더라도 그건 현재 상황이 그대로 유지되는 것일 뿐 아무것도 나빠진 게 없다. 거절은 상황을 악화시키는 것이 아니라 그대로 유지되게 하는 것이므로 우리가 미움받을 이유는 없는 것이다.

누군가 부탁을 해 온다면 이 말을 한 번쯤 떠올려봤으면 좋겠다. 부탁은 권리도 의무도 아니다. 반면 우리에게는 거절할 권리가 있다. 그러므로 한 번쯤 거절을 경험해 보길 바란다. 분명하게 상대에게 거절의 말을 건네보자. 처음에는 어렵고 얼굴이 화끈거려도 점점 익숙해지고 괜찮아질 것이다. 거절도 하다 보면 는다.

CHAPTER 10

거절에도 뜸이 필요하다

거절할 권리가 있으니 분명히 거절하라는 말에 이런 의문이 들 수도 있다.

'모든 부탁을 다 거절하라는 말이야? 그럼 오히려 내 마음이 더 불편하고, 세상이 삭막해지는 거 아니야? 나는 도움을 받으면서 정작 남의 부탁은 거절하는 것은 이기적인 거 아니야?'

물론 틀린 말은 아니다. 때로는 거절했다는 죄책감에 감정이 상할 때가 있는 걸 보면 딱히 유쾌한 일은 아니다. 나 역시 서로가 돕고 사는 아름다운 세상을 꿈꾼다. 무조건 '안 돼'를 외치는 것보다 타인의 고단한 짐을 나눠 메는 마음이 더 따뜻하게 느껴지기도 한다. 그리고 남을 도왔을 때 오는 긍정적인 감정들 역시 소중한 선물이다. 그러니 부탁을 들어줄 수 있는 상황이라면, 그리고 내가 그럴 마음이 있다면 부탁을 들어주면 된다.

《국부론》으로 잘 알려진 애덤 스미스는 《도덕감정론》이라는 또 다른 저서에서 "인간은 행동하도록 만들어졌고, 행동을 통해 모든 사람의 행복에 가장 유익한 방향으로 자신과 타인의 외부 환경을 바꾼다"라고 말했다. 그러면서도 '행복을 증진하기 위해서 다른 사람 혹은 내가 희생하면 안 된다'고 말한다. 내가 방점을 찍고 싶은 부분은 바로 여기다. 모든 사람의 행복에 유익한 방향으로 행동하면서 다른 사람 혹은 내가 희생하면 안 된다는 것. 그러므로 무조건 거절하라는 것이 아니다. 거절할 수밖에 없는 상황, 즉 나의 희생이 뻔한 상황에서조차 부탁을 받아들이지 말라는 것이다.

한번은 늦은 밤 친구에게 전화가 왔다. 울먹이는 목소리로 내일 새벽에 멀리 가야 하는 상황인데 시간 맞춰서 갈 수 있는 교통편이 없다며 자신을 데려다줄 수 있겠냐는 것이었다. 다음 날 출근을 해야 했지만, 안타까운 마음에 선뜻 그렇게 하겠노라고 했다.

그런데 전화를 끊고 생각해보니 다음 날 아침은 업무 차 미팅을 잡아놓은 날이었다. '아차' 싶은 마음이 들었다. 친구를 내려주고 아무리 빨리 돌아온다고 하더라도 약속시간을 지키기엔 아슬아슬했다. 만약 친구를 돕는 과정에서 변수가 생긴다면 미팅에 늦을 것이 불 보듯 뻔했다. 중요한 미팅이었으니 만반의 준비를 하고 가도 모자랄 판이었는데, 그 준비도 온전히 하지 못하게 될 것이었다. 하지만 이미 친구의 부탁을 들어주기로 했기 때문에 어쩔 도리가 없었다. 최선을 다해 제대로 해낼 수밖에.

　다음 날, 친구를 내려주고 돌아오는 길. 나는 사정이 생겨 사무실에 들르지 않고, 바로 미팅 장소로 가겠다고 상사에 보고하고, 곧바로 미팅 장소로 향했다. 가는 내내 약속에 늦을까 봐 전전긍긍했지만, 다행히 제시간에 도착할 수 있었고, 무사히 미팅을 마쳤다. 미팅을 마치고 차로 돌아가는 길에 비로소 긴장이 풀렸다. 그제야 이런 모습이 무책임하게 비춰질 수 있으니 앞으로 조심하라는 상사의 말을 떠올랐다. 그러곤 새벽부터 미팅을 끝낼 때까지 내 마음을 졸이게 한 이유를 되돌아보았다. 이때 내게 문제였던 것은 상황을 충분히 고려하지 않고 부탁을 수락한 것이었다. 그래서 일을 무사히 마쳤음에도 스스로에게 화가 나 기분이 좋지 않았다. 나는 언제나 이런 식이었다. 인정에 쉽게 풀어지는 사람. 그것이 때로는 내게 인정사정없이 시련을 가져다줌에도 불구하고.

　만약 이 글을 읽는 동안 떠오르는 에피소드가 있거나 공감이 된다면, 예를 들면 능력 밖의 일을 들어준다고 호언장담했다가 낭패를 본 적이 있거나, 때로는 '괜히 부탁을 들어주기로 했구나' 후회한 적이 있거나, 도움을 주고도 욕을 먹었던 경험이 있다면, 이런 우리에게는 부탁을 대하기 위한 충분한 시간과 분별력이 필요하다.

　부탁을 거절하거나 수락할 때 흔히 하는 실수는 바로 그 자리에서 대답하는 것이다. 충분히 생각하지 않고 이야기를 듣자마자 "야, 우리 사이에 뭐. 알았어. 알았어. 내가 아니면 누가 널 돕냐? 당연히 해줄게"라고 말하지는 않았는가? 그렇게 앞뒤 따지지 않고 호언장담하고 나면 나중에 자신이 그럴 여력이 없음을 알게 되었을 때 후회가 밀려온다. 그야말로 대략 난감한 상황이다.

　만약 타인으로부터 부탁을 받았다면 부탁을 들어줄지 거부할지를 결정하기 위해서 충분한 시간을 가져야 한다. 이럴 때 쓸 수 있는 아주 쉬운 방법은 시간을 달라고 요청하는 것이다. "네 상황은 충분히 알겠어. 그런데 내게 생각할 시간이 필요해. 며칠만 기다려줄 수 있을까?"라고 말하는 것이다. 밥도 뜸을 들이면 맛있듯, 거절도 수락도 충분히 시간을 들이면 더 잘 할 수 있다. 자동반사적으로 입 밖으로 튀어나오려는 예스를 잘 막았다면 이제 내가 부탁을 들어줄 수 있는지를 파악해야 한다. 분별력을 발휘할 때가 온 것이다. 우선 부탁하는 이유와 부탁받는 내용을 정확하게 알아야 한다. 이를 통해 부탁을 들어줄 만한 일인지, 꼭 내가 해야 하는 일인지, 다시 말해 다른 사람도 얼마든지 할 수 있는 일인지 가늠할 수 있다.

　내 상황도 점검해봐야 한다. 이때는 단순히 시간적 여유가 있는지만 살피지 말고, 더 심도 있게 살펴보면 좋다. 예를 들면, 일을 제대로 해낼 능력이 있는지, 어려운 일이지만 끝내고 나면 성취감과 행복감을 주는 일인지, 내가 지금 체력이 바닥난 상태는 아닌지, 마음에 여유가 있어서 문제가 생겨도 흔들리지 않을 것인지, 돈이 든다면 그 정도는 감내할 수 있는 범위인지를 생각해보자. 부탁을 들어주기로 마음먹었다면 그 일을 수행하는 것은 상대가 아닌 나 자신이다. 그때부터는 남의 일이 내 일이 되는 것이다. 하지만 부탁을 다 들어주고 나면 다시 상대방에게 돌아가는 것이 부탁이다. 그만큼 더 큰 책임감이 따른다는 의미다. 그러므로 부탁을 들어주기로 한 이상 내가 주도적으로 해결해야 한다.

이제 우리는 부탁을 받았을 때 거절할지 수락할지 파악하는 단계에 왔다. 부탁을 들어줄지 말지를 결정할 때는 분별력을 발휘해보자. 시간이 걸릴 것 같다면 그 자리에서 결정하지 말고 정중히 시간이 필요하다고 요구하면 된다. 충분한 생각 끝에 내린 결정이 부정적인 대답이었다 하더라도 상대방은 내 일에 이렇게 마음 써준 당신에게 오히려 고마워할 것이고, 나 역시 충분히 고려한 뒤 내린 결정이었기 때문에 거절하더라도 마음이 덜 불편할 것이다. 불필요한 죄책감을 없애는 것, 그것이 감정 낭비를 줄이는 또 하나의 방법이다.

CHAPTER 11

그거 말고 이거 어때?

애완견 한 마리가 주인과 멀리 떨어진 곳에서 길을 잃었다. 주인은 개를 애타게 찾다가 개가 1,500km나 떨어진 곳에 있다는 사실을 알게 되었다. 당장 개를 찾으러 가고 싶었지만 왕복 3,000km를 달려 개를 데리고 올 수 있는 상황이 아니었다. 이런 사정을 SNS에 올리자 주인의 사연에 많은 사람들이 뜻을 모았다. 자신이 이동할 수 있는 거리를 댓글로 적으며 개 이동 릴레이를 이어간 것이다. 개는 50km, 100km, 200km씩 많은 사람의 손을 거쳐 무사히 주인을 만나게 되었다.

우리는 때로 모든 것을 다 해야 한다는 부담감으로 인해 누군가의 안타까운 사연에 도움의 손길을 내밀고 싶어도 선뜻 나서지 못한다. 내가 그 일을 다 하기란 힘든 일이다. 주인 잃은 개를 태우고 1,500km를 혼자 간다고 생각해보면 그야말로 까마득하지 않은가. 하지만 십시일반(十匙一飯)이라는 말처럼 조금씩 도우면 혼자 하기 힘든 것도 해낼 수 있다. 연말연시에 사랑의 온도탑의 온도를 1도, 2도 올리는 것은 1,000원, 2,000원 작은 돈이 모여서 가능한 일이며, 재해 지역민을 돕기 위한 의연금 출연도 작은 손길이 모여 큰 도움을 만들어 내는 것이다. 십시일반의 힘을 잘 알고 있으면서도, 나는 항상 부탁을 받으면 모든 일을 내가 다 해야 한다고만 생각했다. 상대가 부탁을 할 때면 그 일을 다 해낼 수 있는지 생각했고, 상황이 여의치 않으면 거절을 했다. 그러고 나면 굳이 그럴 필요가 없었음에도 불구하고 거절했다는 미안한 마음에 불편한 감정을 느꼈다.

한번은 회사 후배가 행사를 준비하는 데 도움을 줄 수 있는지 요청했다. 그런데 나도 해보지 않았던 업무인 탓에 섣불리 부탁을 받아들일 수가 없었다. 내가 제대로 된 도움을 줄 수도 없고, 내 일정상 끝까지 도움을 줄 여력도 되지 않았다. 그래서 사정이 여의치 않아 도와줄 수 없겠노라며 거절했다. 후배는 결국 다른 직원의 도움을 받아 행사를 준비했지만, 행사가 끝날 때까지 나는 불편한 마음을 가지고 있었다. '모르는 일이니까, 잘할 수 없는 일이니까, 끝까지 도와주기엔 상황이 안 되니까' 이런저런 이유가 있었음에도 후배에 대한 미안한 마음이 남았던 것이다. 이때 나는 어떻게 하면 좋았을까. 다른 사람들의 손을 거치며 1,500km를 이동해 온 애완견을 만난 사람의 사연을 들으며 도움의 방법에 대해 생각을 바꾸게 되었다. 바로 처음부터 끝까지 도와줄 필요는 없다는 것, 내가 할 수 있는 만큼만 부탁을 들어줘도 된다는 것이다.

만약 누군가의 부탁을 들어주고는 싶은데 내 상황이 여의치 않아서 온전히 다 들어줄 수 없는 경우가 있다면 십시일반 방법을 써보면 어떨까. 부탁을 들어주는 릴레이에 동참하는 것이다. 일의 처음부터 끝까지 모두 다 해주는 것만이 부탁을 들어주는 것은 아니다. 상대방이 해야 할 수많은 과정 중 내가 할 수 있는 부분을 도와주는 것도 부탁을 들어주는 것이다. 내가 건넨 도움의 일부가 모이고, 다른 사람의 도움 일부가 모이면 상대방은 일을 수월하게 해결할 수 있고, 그 도움을 감사히 받아들일 것이다.

남의 부탁을 들어주고는 싶은데 상황이 여의치 않다면 내가 부탁을 들어줄 수 있는 방법을 역으로 제시하는 것도 좋은 방법이다. 내가 할 수 있는 일을 제시하기 때문에 더 쉽게 일을 처리할 수 있고, 모든 일을 내가 하는 것이 아니므로 부탁으로 인해 생기는 부담감을 줄일 수 있다. 이 말을 들으면 어떻게 새로운 대안을 제시하라는 것인지 의아할 수도 있다. 하지만 우리는 이미 일상생활에서 이미 그렇게 행동하고 있다. 눈치를 채지 못했을 뿐. 예를 한번 들어보자.

오늘은 컨디션이 좋지 않아 집에서 쉬어야겠다고 생각하던

차에 친구로부터 전화가 온다. 친구는 오랜만에 만나서 밥 한 끼 먹는 게 어떠하겠냐고 제안을 한다. 이럴 때 "오늘은 몸이 좋지 않으니 다른 날에 만나면 어떨까?" 하고 말하기도 한다. 굳이 오늘이 아닌 다른 날짜를 제안하는 것에 어려움을 느끼지 않는 것은, 상대의 목적은 서로 얼굴을 맞대는 만남의 기회이지 꼭 오늘 만나야 하는 것이 아니라는 것을 알고 있기 때문이다.

리포트 쓰는 것을 도와달라는 친구에게 관련 자료를 조언해줌으로써 준비할 시간을 줄이게 할 수도 있고, 쇼핑을 같이 가자는 친구에게 시간이 없다면 괜찮은 쇼핑몰 사이트를 알려주거나 괜찮은 스타일을 조사해 알려 줄 수도 있다. 오늘 5시에 도움을 줄 수 있냐고 물었는데 그때 시간이 안 된다면 시간을 앞당기거나 뒤로 미룰 수도 있다.

당신이 동호회 총무를 오랫동안 해 와서 이번에는 사임을 하고 싶은데 내년에도 연임해주길 부탁받는다면, 총무가 아닌 회원 모집이나 홍보 일을 하겠다고 제시할 수도 있다. 그동안 눈여겨봤던 적임자를 추천하는 것도 또 다른 방법을 제시하는 것이다.

어떤가? 이렇게 이야기를 들으니 새로운 대안을 제시하는 것은 매우 간단한 일이지 않은가? 그러므로 타인의 부탁을 온전히 들어줄 수 없는 상황이 온다면 상대의 부탁을 들어줄

타인의 부탁을 온전히 들어줄 수 없는 상황이 온다면 상대의 부탁을 들어줄 수 있는
나만의 방법을 제시해보자.

수 있는 나만의 방법을 제시해보자. 이렇게 내가 할 수 있는 방법을 제시하면 상대방의 기분은 어떨까? 부탁을 들어주기 싫어서 잔머리를 굴리고 있다고 생각할까? 아니면 자신의 부탁대로 도와주지 않아서 화를 낼까? 아니다. 그럴 리 없다.

오히려 자신의 일처럼 고민해서 새로운 방법을 제시해주는 것을 고맙게 여길 것이다. 사실 상대방도 당신이 제안한 방법을 미처 생각하지 못했을 상황일 수도 있다. 사람은 언제나 자신이 생각하고 행동한 패턴대로 움직이지 않는가? 매일 했던 방식대로 일을 하다가 새로운 방법을 타인으로부터 알게 된다면 그것이 그 사람에게 도움을 받는 것 외에 또 다른 의미의 도움이 될 수도 있는 것이다. 그러니 새로운 내안을 제시하는 것에 두려워할 필요가 없다.

그러나 이런 십시일반의 법칙을 이용하기 전에 잊으면 안 되는 것이 있다. 새로운 방법을 제시하는 것, 내가 할 수 있는 만큼만 도와주는 것은 도움을 줄 때 활용할 수 있는 좋은 방법이지만, 그것을 내키지 않는 일에 쓰라는 말은 아니라는 것이다. 상대의 부탁이 내키지 않을 때는 거절하면 그만이다. 내키지 않는 일을 그렇게 돕는다고 내 감정이 좋아지지는 않기 때문이다. 모든 것의 전제는 내 마음과 상황이 도와줄 여력이 있는가이다. 이 단계를 통과했을 때 나만의 방식을 적극적으로 제시해보자.

CHAPTER 12

거절에도 매너가 필요하다

무엇이든 독단적으로 행동하는 어머니는 내게 거절의 말을 가장 많이 듣는 존재일 것이다. 내 의사를 묻지 않고 결정한 탓에 가끔 충돌이 벌어지고는 한다. 타인의 묵직한 부탁은 거절하지 못하는 나는, 가족의 가벼운 부탁은 쉽게 거절했다가 결국 승낙하기를 반복한다. 부탁하는 자와 거절하는 자의 잦은 마찰은 언제나 부탁하는 자의 승리로 끝이 난달까?

한번은 어머니께서 조립식 가구를 구입한 적이 있었다. 설명서를 봐도 이해를 못 하겠고, 공구를 제대로 쓸 줄 모르니 와서 조립해달라며 부탁을 해왔다. 오랜만에 외출을 계획했던 나는 "주말에 친구 만나야 돼서 시간 없어. 그런 거 사지 말고 다 만들어진 걸 사야지. 왜 조립하는 걸 사서 괜한 일을 만들어? 나 오늘 시간 없어서 못 해"라며 매몰차게 거절했다. 그런데 말을 마치고 나니 '내가 너무 심했나? 그거 만드는 데

얼마나 걸린다고. 막상 해보면 어렵지 않을 수도 있는데…'
하는 후회가 들었다. 나는 결국 문제의 가구를 조립해주었다.

거절에도 연습이 필요하다. 거절하는 연습과 거절을 잘하
는 연습이다. 희극인 김숙 씨는 한 방송 프로그램에서 거절을
못 해서 고민이라는 사연자에게 조언을 하며 자신의 일화를
이야기했다. 지인이 돈을 빌려 달라고 했을 때 그것을 거절하
기 위해 베개에 얼굴을 묻고 "나 돈 없어. 못 빌려줘"라며 연
습을 했다는 것이다. 개인적인 생각일 수 있지만, 시원시원하
고 당당한 이미지의 김숙 씨 역시 거절을 하기 위해 연습했다
는 것을 보면 거절을 하기란 쉬운 일이 아니다. 그렇다면 이
렇게 하기 어려운 거절은 어떻게 하는 것이 좋을까.

먼저 시간을 질질 끌지 않고, 본인이 직접 거절해야 한다.
사소한 부탁은 어떻게 할지 금방 결정할 수 있지만, 그렇지
않은 부탁이라면 깊이 생각할 시간이 필요하다. 그러므로 부
탁을 받았을 때 시간을 달라고 요청한 뒤 숙고해야 한다고 말
한 바 있다. 그러나 이것을 거절하는 수단으로 이용하면 이야
기가 달라진다.

친구에게 부탁을 받은 뒤 "생각 좀 해볼게"라고 말하며 시
간을 벌고, 생각의 결과를 말하지 않았다면 어떻게 될까? '시
간이 흐르면 거절한 것으로 알아듣겠지, 그 시간 동안 본인이
어떻게든 처리하겠지' 하는 생각으로 어영부영 시간을 보내

고 있을 때 "생각 좀 해볼게"라는 말을 상대방은 찰떡같이 믿고 기다리고 있을 것이다.

뒤늦게 친구가 전화해서 "그때 생각해보기로 한 건 어떻게 됐어?"라고 묻는다면? 당신이 뒤늦게 거절의 의사를 밝히면 친구의 반응은 좋지 않을 것이다. "야! 그럼 진작 말해줬어야지. 그래야 나도 다른 사람에게 물어보든 했을 거 아냐"라는 말을 듣게 될 수도 있다. 그러니 숙고를 하더라도 대답을 줄기일을 정하고, 빠른 시일 내에 피드백을 해줘야 한다.

거절의 말은 본인이 직접 하는 것이 좋다. 말이 전달되는 과정에서 생기는 오해를 막을 수 있고, 상대방을 존중하고 있다는 것을 보여줄 수 있기 때문이다. 거절하는 것이 부담돼서 다른 사람을 시켜 거절한다면 상대방은 자신이 무시를 당했다고 생각할 수 있다. 상대방에게 이런 오해를 주고 싶지 않다면 거절의 메시지는 최대한 빠르게, 그리고 본인이 직접 전하는 것이 좋다.

거절하기로 마음을 먹었다면, 자신의 상황을 덧붙여 설명하는 것이 상대의 기분을 덜 해치게 만든다. 예를 들어 오늘 저녁 술 한잔 하자는 말에 "저는 빠지겠습니다"라고 말하는 것보다 요즘 운동 중이라, 건강관리 중이라, 혹은 저녁 식사 약속이 있어서 참석하지 못한다고 말하는 것이 거절하는 내 상황을 상대방에게 이해시키기 수월하다. 그렇다고 거절을 정당화하기 위해 일부러 내 상황을 거짓으로 꾸며낼 필요는 없다. 부탁은 우리의 의사를 묻는 것이지 그렇게 해야 한다거나 무조건 해달라거나 하는 요구는 아니므로 거절의 이유는 솔직한 내 상황이면 충분하다. 오히려 이유를 꾸며낸다거나 거창하게 지어낸 사실을 들켰을 때 상황은 더 악화된다. 거절함으로써 신뢰를 잃을 필요는 없다. 있는 그대로 내 상황을 이야기하면 된다.

거절을 할 때 상대방의 처지에 공감하고 미안한 마음을 표현하면 상대방의 기분이 덜 상하게 된다. 어쨌든 상대방은 거절의 말에 상처를 받을 수 있다. 어려운 상황일수록 거절의 말이 더 아프게 다가온다. 그러니 거절의 말을 상처가 아닌 따뜻한 위로로 받아들일 수 있는 언어와 행동이 필요하다. 그것이 바로 공감과 사과이다.

거절을 할 때는 의사를 명확하게 표현하는 것은 맞지만, 앞에서 말한 내가 어머니께 했던 말처럼 상대방에 대한 배려 없이 무자비하게 거절의 의사를 표현하라는 것은 아니다. 너무도 당연한 말이지만, 이 당연한 것이 가족 같은 가까운 사이일수록 쉽게 깨지고 지켜지지 않는다. 가족이기에 정에 끌려 무리한 부탁을 들어주는 경우도 있지만, 반대로 가족이기에 편하다는 이유로 여과 없이 내 생각을 말하며 거절한다. 하지만 그런 한 마디에 상대는 상처를 받게 된다. 거절에도 친절한 온정의 말이 필요하다. 거절이 냉정하게 느껴지지 않도록 따뜻한 말로 온도를 높여주는 것이다.

포인트는 상대방의 상황에 충분히 공감하고, 자신의 미안한 마음을 전달하는 것이다. "네가 지금 상황이 어렵겠구나. 이런 말을 내게 꺼내기도 쉽지 않았을 텐데…. 말해줘서 고마워. 나도 너를 돕고 싶은데 사실 지금 내 상황이 여차저차 해서 여의치가 않아. 도움을 주지 못해서 미안해, 정말"이라고 진심을 다해 이야기한다면 상대도 상처받지 않고 수긍할 것이다.

거절은 우리의 권리다. 결코 나쁜 일이 아니다. 내 상황이 여의치 않을 때 일을 맡아서 어정쩡하게 도와주는 것보다 거절을 하는 편이 나에게도, 상대방에게도 더 이롭다. 이런 당연한 권리를 행사하는 데 약간의 예의를 갖추는 것이 좋다고 말하는 이유는 거절을 함으로써 오는 미안함과 거절로 인해 받을 상대방의 상처를 줄일 수 있기 때문이다. 거절로 인해 관계를 악화시키거나 이미지를 실추시킬 필요는 없지 않겠는가. 그러므로 거절을 할 때는 상대방이 오해를 하지 않는 표현으로 명확하게 의사를 전달해야 한다.

매너 있는 거절은 거절을 했다고 당신의 평판이 떨어뜨리거나 사람들과의 관계를 훼손시키지 않는다. 영화 〈킹스맨〉의 대사처럼, 매너가 사람을 만든다.

PART 4

나도 나를 잘 모르겠어

우리에게 변화가 찾아오는 것은 자연스럽고 당연한 일이다.
그러므로 새롭게 인식한 나를 자연스럽게 받아들이고 인정해주자.

CHAPTER 13

"누구냐, 넌."
내가 낯설게 느껴질 때

한때 많은 사람들을 파도 타게 만들었던 싸이월드에서 기억에 남는 게시글이 있다. 그것은 바로 어디에서부터 시작되었는지 모를 100문 100답 쓰기. '이름은? 사는 곳은? 좋아하는 음식은? 좋아하는 가수는? 좋아하는 색깔은?' 이런 식의 사소한 질문부터 시작해서 '가장 행복했던 순간은? 가장 슬펐던 기억은?'처럼 오랫동안 생각해야 답이 떠오르는 질문도 있었다. 그 질문 100개를 작성하는 데에는 많은 시간이 걸렸다. 100개의 질문에 답을 적어가며 생각했다. '와, 나에 대해 몰랐던 것이 이렇게 많구나' 바꿔 말하면 '나에 대해 알아야 할 것들이 참 많구나'라고.

윤리시간에 '자아'라는 개념을 배울 때면 그 단어에 심취해 나는 누구인지 고민했고, 스스로 누구보다 나를 잘 알고 있다고 생각했다. 그런데 대입이며, 취업이며, 세상일에 삶이 팍

팍해질수록 나를 탐구하는 시간이 줄어들었다. 그럼에도 나이를 더 먹었을 때는 나로 살아온 시간이 길어졌으니 그 누구보다 나를 잘 안다고 확신했다. 그래서 더더욱 나에 대한 탐구를 하지 않은 채 살아왔다.

나는 어렸을 때부터 겁이 없었고 불의를 보면 참지 못했다. 그래서 정의라고 생각하는 것을 위해 행동했고, 어떤 일이든 적극적으로 나서길 좋아했다. 오랫동안 이것이 내 성격이라고 생각했던 나는, 나이가 들어갈수록 점차 겁을 내고 걱정하는 모습이 마음에 들지 않았다. 예전처럼 행동하지 못하고 몸을 사리는 내 모습을 비겁하다고 비난하며 스스로 부끄러워했고, 낯선 모습의 나를 미워했다. 변한 나를 마주하는 때가 늘어날수록 스스로에게 실망하며 자괴감마저 느꼈다.

그러다 문득, 내가 나라고 생각했던 모습이 아닌 낯선 모습의 나를 마주할 때 느낀 당혹감과 미움, 한심함으로부터 벗어나고 싶었고, 어떤 모습이 진짜 내 모습인지 알아내고 싶었다. 그래서 스스로 질문을 던지기 시작했다. 내가 예전부터 나라고 생각했던 특징들에 대한 물음이었다. '나는 겁이 없는 사람인가? 정의로운 사람인가? 완벽주의자인가? 내가 이것을 아직도 좋아하는가?' 수많은 질문을 던지며 숱한 시간동안 내가 변했음을 알게 되었고, 그제야 예전의 내 모습과 현재의 내 모습 사이의 괴리를 줄일 수 있었다.

모처럼 나를 알아가는 시간을 갖게 되자 새삼 즐거웠다. 여기서 멈추고 싶지 않다는 생각과 다시 나를 알고 싶다는 생각에 끊임없이 질문을 던지며 글을 썼고, 사람들과 대화를 나눴다. 이 과정을 거치면서 내가 미워했던 나답지 않은 모습은 자연스럽게 변한 내 모습이었음을 알게 되었고, 그런 변화에도 그럴만한 이유가 있었다는 것도 깨달았다. 그러고 나니 자신에게 실망하며 손가락질했던 것이 전혀 의미 없는 불필요한 행동이었음 역시 깨닫게 되었다. 그 시절 내게 없었던 것은 예전의 내 모습이 아니라 변한 나를 그대로 받아들이는 이해와 수용이었던 것이다. 그제야 나는 자신에게 진심으로 사과할 수 있었다.

'나를 오해해서 미안해. 몰라봐서 미안해. 인정해주지 않고 원망만 해서 미안해.'

내가 알고 있는 나와 지금 내 모습의 간극을 줄이기 위해서는 나에 대한 정보를 끊임없이 업데이트해야 한다. 외모와 체형이 변하는 것처럼 생각과 습관과 성격, 취향 등 모든 것이 변하기 때문이다. 바뀐 나를 알지 못하고 예전의 나대로 살아간다면 바뀐 나와 예전의 나 사이의 간극으로 인해 겪지 않아도 되는 어려움을 겪게 된다.

한때 내가 나를 받아들이지 못하고 미워했던 이유도 이 때문이었다. 내 처지가 바뀌고, 경험이 쌓이고, 생각이 무르익

을수록 나의 신념이나 행동 등 많은 것이 변했는데 나는 그런 나를 인식하지 못했고, 과거의 내가 나인 것으로만 생각했다. 그래서 적극적이었던 내가 소심하게 변하고, 겁이 없던 내가 겁쟁이가 된 것이 짜증이 나고 미웠다. 예전과 다른 모습의 내게 실망하며 자괴감에 빠졌고, 다시 예전처럼 살길 강요하고 다그쳤다. 하지만 이미 변한 지금의 나는 이런 다그침에 상처 입고 좌절할 뿐이었다. 어느 것 하나 나아지는 것이 없었다.

나에 대한 정보를 업데이트하는 방식은 아주 간단하다. 스스로 질문을 하고, 관찰하며 새롭게 바뀐 나에 대한 정보를 인식하고, 인식한 대로 행동하는 것이다. 내가 좋아하는 것과 싫어하는 것(그것이 음식이든, 영화든, 상황이든 뭐든 간에), 내가 지양하는 것과 지향하는 것, 꿈은 무엇인지, 어떨 때 화가 나는지, 언제 가장 행복한지, 무엇을 잘 하는지, 어떤 환경에 있을 때 가장 자연스럽게 행동하는지, 무엇에 열정을 품고 있는지 등등 끊임없이 질문을 던져 나에 대한 답을 찾는 것이다. 마치 그 옛날 100문 100답을 적어 내려갔었던 때처럼 나에 대한 질문을 던지고 그 질문에 답을 하면 된다.

그렇게 생각한 결과, 좋아하는 음식이 피자에서 김치찌개로 바뀌었다면 앞으로는 김치찌개를 좋아한다고 사람들에게 말하거나 맛있게 먹으면 되고, 내가 예전보다 용감하지 않아도 그런 나를 다그치지 않고, 안전하게 보호하기 위해 노력하면 된다. 그렇게 새롭게 질문을 던지고 얻은 답이 너무나 생소할지도 모른다. 내가 나라고 생각했던 모습의 나와, 내면의 대화를 통해 알아차린 내 모습이 다를 수도 있다. 그렇다고 '나는 왜 예전의 내가 아닐까. 나는 왜 변했을까'라고 자책하거나 상처받을 필요는 없다. 시간이 흐르면서 우리는 성장했고, 새로운 역할이 주어졌고, 우리를 둘러싼 환경도 변했다. 그러므로 그런 변화에 적응하기 위해 내가 변한 것은 너무도 자연스러운 일이다. 계절에 따라 풍경이 바뀌고 10년이면 강산이 변하는 것처럼 우리에게도 변화는 자연스럽고 당연한 것이다. 그러므로 새롭게 인식한 나를 자연스럽게 받아들이고 인정해주면 된다.

CHAPTER 14

비교는 실망을 가져올 뿐

드라마 〈응답하라 1988〉에 주택복권으로 순식간에 부자가
된 정봉이 가족 이야기가 나온다. 정봉이는 어렸을 때 병이
있어서 정봉이의 부모님은 아들이 병을 잘 이겨내고, 무사히
자라기만을 바랐다. 다행히 수술에 성공해서 이후에는 별다
른 문제없이 생활한다. 그런데 그렇게 되니 정봉이의 엄마는
욕심이 생긴다. 남들처럼, 좋은 대학에 가길 바라고, 대학에
합격한 뒤에는 사법시험에 합격하길 바라는 것이다. 그런데
연이은 대학시험 낙방에 머리를 싸매고 누운 정봉이 엄마에
게 남편이 말한다.

"어렸을 때 건강하게만 자라라고 빌었던 거 기억 안 나? 이
렇게 안 아프고, 잘 자랐으니 된 거야."

나 역시 정봉이 엄마처럼 많은 것을 원하며 살았다. 사회
초년생일 때는 돈을 벌기 시작했으니 행복할 줄 알았다. 제한

된 범위였지만, 하고 싶은 것을 마음껏 하면서 살 수 있으니 그 행복에 흠뻑 취해 있었다. 그런데 그런 행복도 오래가지 않았다.

'누가 어느 회사에 취직했다더라, 누구는 어떤 사람과 결혼했다더라, 서울에 아파트를 샀다더라, 어느 회사는 보너스를 두둑이 받았다더라' 하는 비교가 끊임없이 찾아왔고, 나와 타인의 삶을 비교할 때마다 남들보다 못 살고 있다는 생각에 주눅이 들었다. 부족하다고 생각하지 않았던 내 삶이 초라해 보였고, 행복했던 내 삶이 사실은 불행의 그늘 한가운데 있는 것처럼 느껴졌다.

시간이 흐를수록, 해야 할 일이 늘어날수록 '조금만 더, 이것만 더'라며 욕심을 부렸지만, 그 욕심은 밑 빠진 독에 물 붓는 것처럼 채워지지 않았다. 때로는 독이 감당할 수 없을 만큼 커지기도 했고, 때로는 독 하나를 겨우 채우고 나면 채워야 할 또 다른 독이 생기기도 했다. SNS에는 이런 채우고 싶은 독이 넘쳐난다. 분위기 좋은 곳에서 즐기고 있는 사진 한 구석에는 명품 가방이 놓여있고 해시태그에는 '#뜻밖의선물 #감동'이라고 쓰여 있다. 탁 뜨인 한강 뷰가 펼쳐진 집에는 고급 가구가 놓여있고, 고급 식기 위에 놓인 먹기에도 아까운 예쁜 음식들을 차려 놓은 사진을 보고 있노라면 부러움을 넘어 좌절감이 밀려온다. 목이 늘어난 티셔츠에 무릎 나온 수면

바지를 입고 오징어를 질겅질겅 씹으며 맥주 캔을 홀짝이는 내 모습이 처량하기 짝이 없다. 그들이 사는 세상과 내가 사는 현실을 비교하며 '난 왜 이 모양으로 살고 있지? 저들과 무엇이 달라서 이렇게밖에 살지 못하는 거지? 나도 저들처럼 살 수 있을까?' 하는 생각이 들기도 한다. 비교의 대상은 SNS 속에만 있는 것이 아니다. 사기 캐릭터처럼 모든 것이 완벽한 엄친딸, 엄친아가 있고, 내 친구, 직장 동료, 애인, 심지어 지나가는 익명의 사람도 비교의 대상이 된다. 그래서 비교는 하면 할수록 끝이 없다. 내가 비교의 승자가 아니라면 그 패배감이 주는 감정은 좋았던 기분을 순식간에 다운시킬 정도로 최악이다.

비교에서 오는 허무함과 패배감을 조금이나마 해소하기 위해 그들을 따라 해본다. 그들이 갔던 맛집을 가보고, 그들이 샀던 물건을 사고, 한계가 있으면 '나도 언젠가는 저렇게 될 거야'라고 다짐한다. 어느덧 그들과 비슷해진 나를 보며 기쁘지만, 따라 하고 싶은 또 다른 삶이 찾아와서 눈앞에 아른거린다. 그러면 또다시 그것을 얻기 위해 아등바등한다. 이렇게 살다 보니 어느새 내가 누구인지, 원하는 것은 무엇인지, 좋아하는 것과 잘하는 것은 무엇인지를 잊어버린다. 남들처럼 살고 싶어서, 그들이 누리는 행복을 나의 행복이라고 생각해서 그들과 똑같이 하다 보니 어느덧 내가 원하는 나의 모습이 아닌, 내가 좋아 보인다고 생각한 나로 살고 있을 뿐이다.

내 것을 좇지 않고, 남의 것을 좇고 있으니 점점 나를 잃어가고, 비교로 시작된 공허함이 그것을 채우려는 욕심으로 눈을 가려 정확한 판단을 하지 못한 채 신기루를 좇는 것처럼 살 뿐이다. '저들에 비해 내가 부족한 게 뭐지? 더 가지지 않고 뭐 하고 있어? 남들처럼 살기 위해 더 노력하란 말이야!' 라며 나를 다그치고, 그런데도 쫓아가지 못하는 현실의 벽에 부딪혔을 때 자신에 대한 실망과 내 삶을 부정하는 모습과 자괴감이 남아 있다.

그런데 사실 내가 당연한 줄 알았고, 그렇게 살아야 잘 사는 인생이라고 생각했던 모습은 당연한 것도, 잘 사는 것도 아니었다. 내가 그토록 원했던 것들(예를 들면, 명품가방, 예쁜 옷, 날씬한 몸매, 좋은 회사, 비싼 차, 넓은 집, 럭셔리한 여행, 분위기 좋은 곳에서 즐기는 휴식 등)이 내 인생에서 정말 필요하고, 중요한 것들이었을까. 없으면 삶이 불가능할 정도로 의미 있는 것들이었을까. 생각해보면 그렇지 않은 것들이 더 많았다. 그것들이 없어도 괜찮았고, 많지 않아도 불편하지 않았다. 비교하지 않고 신기루를 좇지 않았을 때의 나는 행복했고 내 삶에 만족을 느끼고 있었다.

애당초 비교는 불공정한 게임이다. 상대방이 잘하는 것과 나의 잘하지 못하는 것의 싸움이지 않은가? 그러니 정당하게 비교하기 위해서는 상대방이 잘하는 것과 내가 잘하는 것을 비교해야 한다. 그런데, 그러면 비교가 될까? 비교 대상이 같지 않으니 무엇이 우위에 있는지 알 수 없다. 너는 너대로, 나는 나대로 좋다고 잘한다고 결론 내리게 된다. 애당초 인생에서 비교라는 개념은 무의미하다. 하지만 그런데도 비교하고 싶고 우위에 서고 싶다면 남들과 나를 비교하지 말고, 차라리 비교당하는 삶을 살기 위해 노력해보자. 저들이 누리는 것들을 좇을 것이 아니라 나만의 강점과 특색을 좇으면 비교하지 않고 비교당하게 된다.

〈응답하라 1988〉의 정봉이가 사법시험을 보기 위해 붙들고 앉아있었더라면 자신의 강점을 살린 새로운 삶을 개척해 나갈 수 없었을 것이다. 어쩌면 끊임없는 실패에 낙담하고, 우울해하며 불행한 삶을 살고 있을지도 모른다. 하지만 정봉이는 그런 삶을 선택하지 않았다. 자신이 원하고 잘하는 일에 도전했고, 끝내 성공한다. 이런 정봉이의 삶을 보면 사람들은 무슨 생각을 할까? 자신이 좋아하는 것, 잘하는 것을 기반으로 자리를 잡아 즐겁게 살아가는 모습을 부럽게 바라보지 않을까?

누구에게나 잘하는 것이 있다. 남들과 비교하고, 그들과 똑같아지길 바라며 노력하는 시간에 나의 장점을 찾아보자. 그러면 존재만으로도 특별한 나에게 주어진 보물 같은 재능을 발견하게 될 것이다. 내가 뭘 잘하는지 생각해보고, 정 모르겠거든 당신을 잘 알고 있는 사람들에게 물어보자. 그런데도 찾기 힘들면 나의 강점을 만들어낼 수도 있다. 그러니 좋아보이는 남의 떡을 좇아가지 말고 나만의 강점을 좇아가자. 그것이 수많은 비교에 무너지지 않고 이기는 방법이다.

CHAPTER 15

내 생각을 말하는 건 죄가 아니야

　우리는 자신을 드러내는 것을 지극히 경계하는 분위기에서 자랐다. 물론 집집마다, 사람마다 차이는 있겠지만, 어리다는 이유로 말대답을 하면 건방지다, 예의 없다, 당돌하다는 말을 듣기 쉽다. 말을 억제하는 기제가 얼마나 강한지는 우리가 익히 들어온 문장들을 보면 알 수 있다. 며느리에게는 벙어리 3년을 강요하고, 낮말이나 밤말이나 훔쳐 듣는 애들이 왜 이리 많은지. 발 없는 말이 천 리를 가고, 웃으라고 한 말에 초상나고, 말은 할수록 거칠어진다고 하니 말 한번 잘못 했다간 그야말로 사달이 날 분위기다. 이런 문화가 강할수록 상대방에게, 특히 연장자에게 자신의 생각을 말하면 부정적인 피드백을 받기 일쑤다. "어른이 말하면 '예' 하는 거야." 이 말에 다시 침묵하고, 어른의 말에 순종하길 강요하는 분위기 속에서 점차 자신의 말을 줄이게 된다. 그런데 침묵하는 습관은 연장

자뿐만 아니라 또래에게도 적용된다. 성격이 원인일 수 있고, 말을 하기 어려운 상황에 오랫동안 노출되어서일 수도 있지만, 한편으로는 말을 아끼는 것이 말을 하는 것보다 덜 피곤할 때도 있어 침묵하기도 한다. 이렇게 말을 안 하는 것이 좋은 또 하나의 이유가 추가된 셈이다.

평소 친하게 지냈던 친구에게 "나는 A가 좀 어렵더라. 왜인지는 모르겠는데 속마음을 털어놓기 힘들더라고"라고 대수롭지 않게 말한 적이 있다. 그런데 이 말이 내가 A를 싫어한다는 말로 와전되었고, 나는 잔뜩 성이 난 A를 마주해야 했다.

"야, 네가 날 얼마나 안다고 나에 대해 뒷말을 하고 다녀? 뭐, 같이 있으면 사람을 불편하게 만들어서 부담되고 껄끄럽다고? 내가 너한테 뭘 잘못했는데?"

붉으락푸르락 화난 얼굴로 내 앞에 서 있는 A에게 자초지종을 설명하고, 내 진짜 의도는 무엇이었는지 말하면서 깨달았다.

'말을 제대로 하지 못할 바에야 차라리 하지 않는 것이 좋겠구나.'

한때 유행처럼 쓰였던 답정너('답은 정해져 있고 너는 대답만 해'의 줄임말)라는 말은 또 어떨까. 말을 하더라도 내 생각대로가 아닌 상대방이 원하는 말을 해야 하는, 즉 말을 하나 마나한 상황이지 않은가. 이런 대화 역시 말하는 것을 제약하고 있는 것이다. "우리 오늘 뭐 먹을까? 이 근처에 맛있는 수제 버거집 생겼다는데. 거기 가볼래?"라는 질문에 '어제 점심에 버거를 먹었고, 술도 마신 탓에'라며 이런저런 이유를 들어 순댓국을 먹자고 의견을 내보지만, 이미 버거에 꽂힌 답정녀 친구는 내 의견을 묵살한 채 버거가게로 데려간다. '답정녀' 라는 말은 귀엽지만, 한편으로는 참 무서운 말이 아닐 수 없다. '오늘 뭐 먹을까, 나 예뻐?' 같은 사소한 문제가 아닌, 더 중요하고 심각한 상황에서도 답정녀인 사람을 만나면 참 곤란하지 않겠는가. 내 생각과 의사를 원천 차단하고 상대가 원하는 말만 하라고 하니까. 그렇게 하는 것은 상황에 맞게 말하게끔 설계된 AI로봇과 다를 바 없는데 말이다.

알게 모르게 우리는 이런 경험을 많이 하고 자랐다. 말을 하지 않아야 되고, 때로는 말을 하지 않은 것이 유리하고, 혹은 말을 하더라도 듣고 싶은 말을 해야 하는 이런 불편한 경험들로 인해 말을 하는 것보다 침묵하기를 선택한다. 그러면 점점 말이 줄어들고, 말을 할 상황도 줄어드니 나를 표현하는 것이 더욱 어려워진다. 내 생각을 자유롭게 말하는 것에 익숙하지도 않다. 익숙하지 않은 일을 하려면 힘이 들어서 자연스럽게 말을 아끼게 된다. 또다시 순환 고리가 만들어졌다. 말을 하지 않게 만드는 순환 고리가. 그런데 과연 침묵이 금인 것일까?

나를 드러내지 못하고
억눌러야 하는 관계는 오래가지 못한다.
이제는 내 생각을 말하는 연습을 해보자.

나를 드러내지 못하고 억눌러야 하는 관계는 오래가지 못한다. 그런 관계에서 효용을 기대하기란 어려운 일이다. 사람은 나를 표현하지 못하고는 살 수 없다. 말하지 못하면 답답하고, 짜증 나고, 화가 난다. 상대의 말만 들어야 하는 자신의 처지가 불쌍하고, 억울하게 느껴진다. 눈치 보고 사는 자신이 부끄럽기도 하다. 나에게 이런 부정적인 감정을 주는 관계는 언제라도 끊고 싶다는 생각이 찾아온다. 이것은 자신을 지키려는 본능이 선택하는 최후의, 최선의 방법이다. 비약으로 보일지도 모르지만, 그렇게 나를 불편하게 만드는 관계를 하나둘 끊어내면 결국 세상엔 나 홀로 남게 된다. '세상 어디에도 나를 이해해주는 사람이 없구나' 하는 생각이 나를 괴롭힌다.

다시 한번 냉정하게 따져봐야 할 것이 있다. 상대방에게 말하지 않는 것이 편하다는 생각의 본심은 무엇일까? 생각을 드러내는 것을 꺼리고 피하는 데에는 내 의사를 말함으로써 발생하는 문제 상황을 피하려는 속셈이 있는 것은 아닐까. 애써 나를 드러내서 분란을 일으키느니 일단 수긍하고 넘어가면 일시적인 평화 상태를 유지할 수 있어 편한 선택지처럼 보인다. 그러나 이는 조금 더 쉽게 편함을 얻으려는 안일함이 생각을 드러내지 못하도록 막고 있는 셈이다. '나는 평화주의자야. 나는 예의 바른 사람이야. 나는 배려심 많은 사람이야'라는 긍정의 수식어를 달면서 포장해보지만, 사실 그 속에는 내가 외면한 내 생각과 실수해서 미움받을 것이라는 두려움이 있다.

물론 평화주의자를 지향하며 사는 것이 행복할 수도 있다. 그러나 나를 드러내지 못해서 오는 고통과 부정적 에너지를, 답답한 가슴과 더 답답한 관계들을 피하기 위해 점점 좁아지는 관계마저 수용할 수 있을까. 당장 눈앞의 안락함을 위해 눈을 가리고 달려가다 보면 정신을 차리고 돌아봤을 땐 어디인지 모를 곳에 덩그러니 놓여있는 나를 발견하게 될 것이다. 그러므로 이제는 내 생각을 말하는 연습을 해보자. 내가 무엇을 좋아하는지, 무엇을 원하는지, 지금 내 감정이 어떤지, 무슨 생각을 하는지 당당하고 자신 있게 상대방에게 말해보자. 설령 그로 인해 또다시 말대꾸 따박따박 하는 사람, 아닌 건 아니라고 말하는 냉혈한이라는 평을 듣더라도 말할 것은 말해야 한다. 그런 경험으로 오는 충격에 무뎌지면 무뎌질수록 말하는 것이 어렵지 않을 뿐만 아니라 말을 한다고 해서 큰 문제가 발생하지 않는다는 것을 알게 될 것이다.

끝으로 한 가지 오해를 풀고 가야 할 점은, 말을 하더라도 잘 해야 한다는 것이다. 말을 잘 해야 한다는 것은 시의적절하게, 자신의 생각을 솔직하게 말하되 상대방의 기분이 상하지 않게 잘 해야 한다는 뜻이다. 내 생각을 솔직히 말하는 것은 결코 죄가 아니다.

CHAPTER 16

좋아하는 것을 말하면
행복이 찾아온다

오랜만에 만난 친구들과 가볍게 술 한잔하러 갔다가 재미난 광경을 목격한 적이 있다. 안주거리로 뭐가 좋을까 고민하다가 메뉴판에 적힌 '아무거나'를 본 것이다. 손님들이 하도 아무거나, 아무거나 해서 아무거나라는 메뉴를 만들어버렸다고 하니 아무거나를 외치는 사람이 비단 나뿐만은 아닌 듯하다. 우유부단하다고 생각할지 모르지만, 아무거나를 말하는 우리에게도 이유가 있다. 딱히 호불호가 없거나, 그 정도는 그다지 중요하지 않기 때문이다. 자신의 생각을 좀처럼 말하지 않는 습관 때문에 아무거나를 말하는 사람도 있지만, 타인을 배려하는 마음도 있다. 혹시 먹고 싶은 메뉴가 있는 사람이 있을 수도 있으니 그를 위해 선택권을 남겨두는 것이랄까.

나는 생각을 드러내지 않는 것이 편한 사람이었다. 말을 아끼는 편이 내게 유리하다고 생각했기 때문에, 항상 감당할 수 있을 만큼만 말을 하는 것이 모토였다. 하지만 말을 하지 않았을 때의 편안함은 일시적인 것일 뿐 올바른 방법이 아니었음을 깨달은 뒤, 말을 하지 않았을 때의 편안함보다 말을 하고 났을 때의 불편함을 택하기로 했다. 물론 걱정과는 달리 불편한 일이 별로 생기지 않았지만.

말에는 힘이 있다. 어떤 책들은 내가 말하는 대로, 생각하는 대로 실현된다고 말한다. 멀리 책에서 찾지 않아도, 우리는 이미 '말이 씨가 된다'는 옛말을 알고 있지 않은가. 우리가 매일, 말로 씨를 뿌리고 있다면 어떤 종류의 씨앗을 뿌려야 좋을까. 내가 뿌린 말의 씨앗이 자라서 가시덤불이 되는 것보다는 향기로운 꽃이나 탐스런 열매를 맺는 것이 더 좋지 않을까. 무엇보다 그 누구도 아닌 나 자신에게 이로운 말의 씨앗을 뿌리면 더 좋지 않을까. 이제 내 생각을 말하는 단계까지는 왔으니 한 발 더 나아가 내게 긍정적인 것을 가져다주는 말을 해보는 것은 어떨까. 바로 내가 원하는 것, 좋아하는 것, 나를 행복하게 만드는 것을 말하는 것이다.

말을 좀처럼 하지 않는 사람들도 참고 참다가 말을 할 때가 있다. 바로 '나는 이게 싫으니 이렇게 하지 않았으면 좋겠어.'라고 그동안 꾹꾹 눌러왔던 자신의 불편한 마음을 드러내는 것이다. 이 말은 내가 싫어하는 것, 혹은 원치 않는 것이 주로 대부분이다. 말하지 않고 침묵하는 것보다는 낫지만, 내가 좋아하고 나를 행복하게 만드는 것을 말하는 것과는 차이가 있다.

싫어하는 것을 말하면 상대방은 적어도 내 앞에서는 내가 싫어하는 것을 하지 않을 것이다. 나를 싫어하거나, 일부러 골탕 먹이려는 속셈이 아닌 이상은 남을 배려하는 마음이 있으니까. 상대방이 내가 싫어하는 것을 하지 않았으니, 내 마음은 아무런 변화가 없다. 상대방이 내가 싫어하는 것을 하지 않음으로써 더 좋을 것도 없고, 더 나쁠 것도 없는 무미건조한 상태가 그대로 유지된다.

안타깝게도, 상대방이 내가 싫어하는 것을 기억해두었다가 내 앞에서 하지 않으려 노력했다고 한들 내가 그것을 알아챌 방법도 없다. 물론 상대방이 '네가 이런 거 싫다고 해서 지금 일부러 안 하고 있어'라고 말한다면 그 고마운 배려를 알게 되겠지만, 그런 걸 말할 사람이 흔치 않을뿐더러, 설령 그렇게 해서 알았다고 한들, '이 사람이 나를 배려해줬구나'라는 생각보다 '내가 이 사람을 괴롭히고 있는 건가?'라는 자책감이나 부채의식이 들지 않겠는가.

하지만 상대방은 어떨까? 내가 싫어하는 행동이 사실은 상대방의 오랜 습관 중 하나였다면? 상대방은 나를 위해 자신의 행동을 억제해야 한다. 자신의 행동이나 말을 억제하는 기제가 발휘된 셈이니 좋을 것이 없다. 그러다 어느 순간 상대방은 이렇게 생각할지도 모른다. '쟤는 싫어하는 게 많아서 곁에 있으면 불편해. 왜 항상 불평불만만 하는 거지?'라고.

그런데 내가 좋아하는 것을 말하면 효과가 달라진다. 만약 내가 누군가에게 '나는 네가 이렇게 행동할 때 행복해.'라고 말했다고 가정해보자. 이 사실을 알게 된 상대방은 그 행동을 내게 해주려고 할 것이다. 우리는 아직 기억력이 있고, 이타적이고, 괴팍하지 않으니까.

상대방의 배려에 나는 내가 좋아하는 것을 얻게 된다. 그러면 내 기분은 어떻게 될까? 먼저 내가 좋아하는 대우를 받았기 때문에 기분이 좋아진다. 내가 배려받고 있음을 느끼게 하는 상대방의 작은 행동 하나가 행복의 파동을 일으키고 파동은 점차 커져 나를 더욱 행복하게 만든다.

이런 행복감은 나 역시 상대방을 위해 행동하게끔 만든다. 말이 고와지고, 표정이 밝아지고, 호감 있는 태도로 상대를 대하게 된다. 상대방이 내게 했던 것처럼, 그를 위해 기꺼이 그가 좋아하는 것을 해주게 된다. 굳이 큰 힘을 들이지 않아도 작은 행동 하나가 선순환을 불러일으키는 것이다.

내가 좋아하는 것을 말하는 것과 내가 좋아하지 않는 것을 말하는 것에는 이렇게 차이가 있다. 이런 차이를 경험한 이후, 나는 주변 사람들에게 내가 좋아하는 것을 말하고 다닌다. 그렇게 좋아하는 것들을 말하면 자연스럽게 내가 좋아하는 것들이 찾아온다. 친구들과 밥을 먹으러 가도 아무거나를 외치기 전, "너, 이거 좋아한다고 했잖아. 이거 먹을까?"라고 먼저 물어봐주고, 약속 장소를 정할 때는 "이번에는 기분 전환하러 네가 좋아하는 바다에 갈까?"라는 말을 듣게 된다. 내가 뿌린 말의 씨앗이 내게 행복과 기쁨의 열매로 나를 찾아오는 것이다.

혹시 내가 좋아하는 것을 말하는 행동이 자신만 생각하는 이기주의자 같이 느껴지거나 그런 것에 대해 미안함이나 부끄러움을 느끼고 있다면 그럴 필요가 없다고 말해주고 싶다. 이는 내게 긍정적인 결과물을 가져다주는 말의 씨앗을 뿌리는 것일 뿐, 그들에게 그렇게 해달라고 강요하는 것이 아니다. 씨앗이 포근한 흙 속에서 보호받으며 양분과 수분을 얻고 햇빛을 받아 싹을 틔우는 것은 미안하거나 염치없는 일이 아니다. 그것은 그저 자연스러운 현상일 뿐이다. 우리가 그렇게 하는 것도 그저 자신의 행복을 위한 자연스러운 일일 뿐이다. 그 어느 누구에게도 강요하지 않았고, 괴롭히지 않았으며, 타인의 행복을 빼앗아 가지도 않았다. 그러므로 부지런히 내가 원하는 것과 좋아하는 것을 말하자. 이렇게 꾸준히 행복할 가능성이 있는 씨앗을 뿌리고 다니면 어디에선가 기대하지 않은 상황에서 그 씨앗이 싹을 틔울 것이다.

PART 5

난 이것밖에 안 돼

내게 엄격하게 대하는 마음의 이면에는 사실 괜찮다는 위로의 말이
듣고 싶었던 아프고 속상한 마음이 있었던 것은 아닐까.

CHAPTER 17

마음을 갉아먹는 해충은
어떻게 생겨났을까

며느리 A씨는 시부모님의 말씀에 매년 생신상을 차렸다. 일하느라 피곤해서 주말에는 쉬고 싶은 마음에 썩 내키지 않은 데다, 부족한 요리실력으로 생신상을 차리려니 스트레스를 받기 일쑤다. 거기에 정성껏, 부족함 없이 해야 한다는 생각에 무리하다 보니 생신상을 차린 다음 날은 몸살에 걸려 제대로 일할 수 없을 정도였다.

그런 A씨가 더 이상 생신상을 차리지 않겠노라고 선언했다. 5년째 시부모님의 생신상을 차렸지만 자신은 여태껏 생일 축하한다는 말을 들어본 적이 없다. 처음에는 몰라서 그랬겠거니, 다음 해에는 바빠서 그랬겠거니 하고 서운한 감정을 참아왔던 A씨는 결국 참지 못하고 폭발했다.

"내가 생일상 차려주려고 결혼한 거 아니잖아! 그런데도 생신상을 차려 드렸으면, 며느리 생일에도 축하한다는 말 한

마디 해야 하는 거 아니야?"

며느리의 생일에는 축하 한마디 없던 시어머니는 아들의 생일에는 전화해 "미역국은 끓였니? 생일상은 잘 차려줬니?"라며 확인을 한다는 것이다. 이런 태도는 A씨를 더 화나게 만들었다. 화는 거기서 멈추지 않았고 '이런 게 결혼의 실상인가' 하는 생각과 함께 자괴감이 들었다.

무엇이 A씨에게 자괴감을 들게 했을까. A씨는 자신이 한 것만큼 돌려받지 못하는 것이 속상하고 서운하다고 했다. 자신이 한 만큼은 아니어도 가족 구성원으로서 인정받고, 배려받고 싶었다. "네가 고생했다. 고맙다. 생일 축하한다"라는 말을 들으면 서운함 감정도, 자괴감도 들지 않았을 거라고 생각했다. A씨의 말도 일리가 있다. 내 노고에 대한 긍정적인 피드백이 없고, 자신을 배려해주지 않았으니 그로 인해 소외감과 자괴감을 느낄 법도 하다. 그러나 이런 논리라면, A씨의 바람처럼 A씨의 고생을 인정해주고, 잘 챙겨주었더라면 A씨에게 찾아왔던 불만과 자괴감 같은 감정은 사라지게 될까? 물론 인정과 배려의 말들이 아예 없는 것보다는 나을 것이지만, 그럼에도 아직 해결되지 못한 것이 있다. 그것은 바로 A씨에게 자괴감이 들도록 한 근본적인 원인이다.

다시 A씨의 마음으로 돌아가 보자. A씨는 처음에 이렇게 말했다.

"나도 일하느라 피곤해서 주말에는 쉬고 싶은데."

A씨는 생신상을 차리라는 연락을 받고 고민했다. 며느리로서의 도리를 다해야 한다는 생각과 자신의 컨디션을 위해 쉬고 싶다는 생각 사이에서 어떻게 하는 것이 좋을지를 말이다. 생신상이 무슨 의미가 있을까. 찾아뵙고, 축하드리고, 맛있게 식사하고, 준비해 간 선물 드리고 오면 충분하지 않을까. 그것이 A씨가 생각하는 며느리로서의 도리였지만, 결국 시어머니의 말씀을 거역하지 못하고 생신상을 차렸다. 서툰 요리 솜씨에 이것저것 차리느라 신경이 곤두섰는데, 식사 설거지며 다음 음식 준비를 하느라 그야말로 1박 2일 동안 주방에서 벗어나지 못하니 몸도 아프고 짜증이 났다. '아들은 놀고 있는데 왜 나만?' 이런 생각에 불쾌감이 쌓이니 처음의 좋은 의도는 잊히고, 기분이 점점 나빠졌다. 이렇게 감정이 망가진 상태에서 '아이고, 네가 고생 많았다. 고맙다'라는 말을 들으면 순간 마음이 풀리겠지만, 그 효과는 오래가지 않는다. 집으로 돌아가는 내내 마음 한 켠이 묵직하다. 뿐만 아니라 그런 감정의 낭비는 내년에도, 내후년에도 계속 찾아올 것이다.

또 한 가지 마음에 걸리는 것이 있다. 왜 A씨는 5년 동안 자신의 생일이라고 말하지 않았을까. 말하면 밝히는 것 같고, 말하지 않아도 알아줬으면 하는 마음에 말하기를 꺼리게 된다. 하지만 그 마음은 모두 자신의 기대이자 바람일 뿐이다.

냉정하게 들릴지 모르지만, 이런 마음은 모두 나의 욕심이다. 이 욕심이 충족되면 좋겠지만, 그럴 확률은 적다. 생각해보자. 내가 아닌 타인이, 내 마음을 알아주고 내가 원하는 대로 해주는 것을 경험한 적이 몇 번이나 있는지. 반대로 나 역시 마찬가지다. 말하지 않아도, 상대방의 속마음을 들여다보고 그대로 해 준 적이 몇 번이나 있었는가. 아마 가뭄에 콩 나듯 드문 일일 것이다.

이런 기적적인 방법 말고, 내 감정을 완벽하게 정리하는 방법이 있다. 그것이 바로 내 생각을 솔직하게 말하는 것이다. 오늘 자신의 생일이라고, 축하받고 싶었는데 연락이 없어서 말씀드린다고, 축하해주시면 좋을 것 같다고. A씨의 시어머니가 그러했던 것처럼 말이다. 하지만 A씨는 생일이라고 말씀드리는 게 구차해 보인다고 했다. 하지만 그것은 구차하거나 불필요한 일이 아니다. 내 감정을 지키는 가장 기본적인 방법이다.

만약 내 마음이 불편하고, 자괴감이 든다면 그 자괴감이 어디서부터 오는 것인지 잘 들여다보자. 모든 자괴감의 원인은 아니겠지만, 때로 어떤 자괴감은 하기 싫음에도 억지로 하는 것이 아니라 하기 싫은 것을 하기 싫다고 말하지 못한 그 전 단계에서 시작된다. 내게 자괴감을 가져다준 사람은 배려라는, 도리라는, 자존심 지키기라는 이유로 나를 외면하고 있었던 나일 수 있다. 그러니 내 마음을 외면하지 말고 솔직히 들여다보자. 내 진짜 생각이 무엇인지 알지 않으면 내가 원하지 않는 것들은 언제고 나를 찾아와 괴롭힐 것이다.

CHAPTER 18

어리석은 여우가 될 것인가, 지혜로운 여우가 될 것인가

배고픈 여우가 먹을 것을 찾다가 포도나무를 발견했다. 여우는 포도를 먹기 위해 온갖 노력을 하지만 포도송이가 너무 높은 곳에 매달려 있어 딸 수가 없었다. 여러 번 시도했지만 실패한 여우는 포도 따는 것을 포기하고 돌아선다. "저 포도는 아직 덜 익어서 시기만 할 거야"라고 말하며. 아무리 손을 뻗어도 닿지 않고, 얻으려 해도 얻을 수 없는 것들이 있다. 내가 못나서가 아니라 손에 넣기엔 너무 높이 매달려 있는 포도송이 같은 것들은 유난히 탐스럽게 익어 눈길을 끌고, 마음을 빼앗아간다.

한번은 야심 차게 준비해간 기획안이 반려당한 적이 있었다. 들어가는 비용 대비 수익성이 적다는 이유였다. 몇 번의 수정 끝에 기획안이 통과됐고, 그대로 행사를 진행해도 좋다는 말을 들었을 때, 나는 정말 잘 해내고 싶었다. 하지만 프로젝트를 준비하면서 예상치 못한 난관에 부딪혔다. 타 부서와의 협조를 얻어야 하는 경우나 외부의 도움이 필요한 경우가 있었는데, 그것이 생각보다 쉽게 풀리지 않았다. 사회 초년생이라 활용할 수 있는 인맥이나 정보가 많은 것도 아니었다. 결국 회사 선배의 도움으로 프로젝트를 진행했고, 우여곡절 끝에 프로젝트를 끝내게 되었다. 프로젝트가 끝나는 날, 그토록 원했던 것을 끝마쳤음에도 마음이 편치 않았다. 어렵게 준비한 노력과 비교해서 반응이 시원찮았던 것이다. 겨우 손을 뻗어 포도송이를 땄지만, 그것은 물러터지고 상해서 먹을 수 없는 포도송이였다. 씁쓸한 마음에 프로젝트가 실패한 원인을 복기했지만, 마땅한 이유를 찾기 어려웠다. 커다란 실수라도 있었으면 좋았을 텐데, 그런 것마저 보이지 않자 스스로를 탓하기 시작했다. 어느덧 프로젝트 실패 원인이 나의 무능으로 귀결되는 순간, 스스로를 깎아내리고 있었다.

'내 능력이 부족해서 그래. 다른 사람이 진행했다면 훨씬 성공적이었을 거야. 처음부터 계속 반려당한 것도 그런 이유였겠지. 나는 내가 할 수 없는 일을 붙들고 있었구나.'

이솝우화에 나오는 여우는 참 어리석어 보인다. 포도를 얻고 싶으면 더 낮은 나무를 고르면 되고, 그나마 낮게 매달려 있는 포도송이를 고르면 되고, 점프해서 얻을 수 없다면 나무를 기어 올라가 보면 어땠을까? (물론, 여우에게 그럴 능력이 있다면 말이다.) 과연 여우는 포도송이를 얻을 수 있는 최선의 노력을 했던 것일까. 게다가 마지막 말도 참 어리석다. 자신의 능력이 부족해 따지 못한 포도송이를, 시어서 따지 않았던 거라며 자기 합리화를 하고 있는 꼴이라니. 그래서 사람들이 이 이야기의 교훈을 '핑계를 대며 눈앞의 것을 회피하는 어리석음' 정도로 받아들인다. 나 역시 마찬가지였다. 설령 실패한다 하더라도, 자기 합리화로 변명을 하는 어리석은 여우가 되고 싶지는 않았다.

　살다 보면 원하는 것이 참 많이 생긴다. 회사에서 인정받고 싶고, 많은 사람에게 사랑받고 싶고, 넘쳐흐르는 부를 얻고 싶고, 고급 자동차와 넓은 집을 가지고 싶고, 누구라도 부러워할 만한 소위 '사'자 들어가는 직업을 얻고 싶다. 거창하지 않더라도, 친구가 입고 온 예쁜 옷을 나도 입었으면 좋겠고, 동료가 쓰는 신상 전자기기를 나도 쓰고 싶어진다. 따야 할 포도송이가 여기저기 넘쳐나는 셈이다.

　하지만 내가 가질 수 있는 것에는 한계가 있다. 재능도, 재물도, 자원도 모두 유한해서 내가 원하는 것을 모두 얻기란 불가능하다. 이것은 아주 당연한 세상의 이치이지만, 그것이 나에게만큼은 예외라는 듯 욕심을 부리고 얻기 위해 노력했다. 그러다 원하는 것을 얻지 못하는 상황이 계속되면 우울, 패배감, 허탈함 등이 밀려왔다. 처음에는 '뭐, 그럴 수 있지'

했지만, 하나둘 실패와 좌절의 경험이 쌓이면서 가볍게 넘어갈 수 없는 상황이 되어 버렸다. 우울감이 점점 몸집을 부풀려 결국 자기 비하로 이어지고, 이런 감정이 꼬리를 물고 이어져 결국 자신에게 비난의 화살을 쏘아 보낸 것이다.

'나는 이것밖에 안 돼. 내 주제에 무슨. 송충이는 솔잎을 먹고 사는 거지.'

이렇게 어리석은 여우가 되고 싶지 않았던 내 다짐 역시 실패의 순간을 맞이했다.

다시 여우의 이야기로 돌아가 보자. 내가 어리석다고 생각했던 여우는 정말 어리석은 존재였을까? 자신의 능력 밖의 일을 일찌감치 알아차리고, 포기하며 돌아설 때 자책하지 않고, 자신의 실패를 그럴 수 있는 일로 받아들이는 여우와 반대로 욕심껏 얻으려고 노력하다 힘이 빠져 주저앉았을 때 '나는 왜 이 모양이지'라며 자책하는 여우 중 누가 더 좋아 보이는가. 한때 후자의 여우로 살며 패배감과 자괴감에 허우적거렸던 나는 전자의 여우가 좋아 보인다. 실패하고 좌절하는 순간에 자신을 원망하고 비하하는 여우보다는 비논리적이고 핑계 같아 보이는 말이어도 나를 위로할 줄 아는 여우가 나를 더 잘 지킬 수 있기 때문이다. 그렇게 포도 따기를 포기한 여우의 마음이라면, 다른 먹잇감을 찾아 먹게 되었을 때 이렇게 말하지 않았을까?

"역시 아까 그 신 포도는 안 먹길 잘 했어. 이렇게 맛있는 음식으로 배를 채울 수 있으니 얼마나 다행이야."

어리석어 보였던 여우에게도 분명 배울 것이 있었다. 여우는 자신이 할 수 있는 것과 할 수 없는 것을 빠르게 판단했다. 그리고 포기하는 순간에 자신을 원망하거나 비하하지 않았다. 오히려 정반대로, 상황을 자신에게 유리하게 해석해 자신을 위로했다. 어설프게 자기 위로하며 변명만 하는 존재로 보일지 몰라도, 적어도 여우는 자신의 능력 밖의 것을 얻기 위해 전전긍긍하면서 감정을 낭비하지 않았다. 반대로 다른 여우들이라면 보지 못했던 다른 면을 보면서 자존감을 지켰고, 기분이 나빠지지 않도록 노력했다. 그렇게 자신을 지킨 덕에 여우는 다른 먹잇감을 만났을 때 이를 얻기 위해 다시 노력하게 될 것이다. 부정적인 감정으로 인한 패배감이 없으니 여우에게는 거리낌이 없다.

만약 내가 할 수 있는 최선을 다했음에도 결과가 좋지 않았을 땐 '난 바보야. 무능력해'라고 자학하며 감정을 낭비하지 말고 여우의 지혜를 빌려보는 건 어떨까. 자기 위로와 합리화가 필요한 순간도 분명 있다.

만약 내가 할 수 있는 최선을 다했음에도 결과가 좋지 않았을 땐
'난 바보야. 무능력해'라고 자학하며 감정을 낭비하지 말고
여우의 지혜를 빌려보는 건 어떨까.
자기 위로와 합리화가 필요한 순간도 분명 있다.

CHAPTER 19

보리에겐 보리의 규칙이 있다

가을 들판을 노랗게 물들이는 벼를 보면 생각나는 옛말이 있다. '벼는 익을수록 고개를 숙인다.' 그것은 당연한 일이다, 벼에게는. 하지만 보리를 보면 이야기가 달라진다. 보리는 익어도, 익지 않아도 꼿꼿이 고개를 들고 있다. 보리에게 그것은 매우 당연한 일이다. 흔히 자신의 능력을 자랑하듯 떠벌리고 다니는 사람들에게 "벼는 익을수록 고개를 숙인다는데…"라고 말한다. 하지만 우리는 굳이 그렇게 떠벌리고 다니지 않아도 조심하라는 듯 미리 그런 말을 듣기도 했다.

어렸을 때를 생각해보면 어른들은 우리를 무한 격려했고, 무한 칭찬했다. 기어 다니던 아이가 걸으면 '잘한다, 잘한다' 했고, 무논리로 말을 해도 "아이고, 말 잘하는 것 봐. 영특하네"라는 말을 들었다. 이렇게 아주 작은 일에도 칭찬을 들으며 자신만만하고 의기양양하게 천상천하 유아독존으로 자랐던 우리는, 한 살 두 살 나이를 더 먹었다는 이유로 칭찬의 말보다는 겸손하라는 경계의 말을 더 많이 듣게 된다. 하지만 벼는 익어야 고개를 숙인다. 익지 않았을 때의 벼는 고개를 숙이지 않는다. 한번 생각해보자. 내가 고개를 숙일 정도로 충분히 익었던가? 미처 다 익기도 전에 고개를 숙이고 있었던 것은 아니었을까? 설령 익었다고 한들, 익어도 고개를 숙이지 않는 보리처럼 살면 안 되는 걸까?

입사한 지 2년쯤 되었을 때 실적이 좋아 우수 직원 표창을 받은 적이 있었다. 전국에 가맹점을 둔 프랜차이즈 회사였는데, 내가 맡은 지역의 실적이 좋았던 것이다. 직원들 앞으로 나가 상패와 포상금을 받은 나는 기분이 좋았다. 험지(?)로 발령받아서 노력한 결과 보란 듯이 이뤄낸 성과이니만큼 성취감도, 기쁨도 매우 컸다. 이전 직원들의 실적과 비교해보면 그런 자부심이나 뿌듯함은 누릴 이유가 충분했다. 그런데 나는 이런 기쁨의 감정을 억누르고, 늘 그래왔던 것처럼, 짐짓 예의를 차리며 겸양의 말을 내뱉었다.

"저는 별로 한 게 없는데, 운이 좋았어요. 같이 일하는 분들도 잘 따라주었고요. 다 그분들이 잘 해주셔서 덕을 본 것 같아요."

어디서 들어본 말이지 않은가? 연말 시상식이면 한두 번쯤은 나오는 단골 멘트다. 이 정도는 뭐 예의상 하는 말이라고 생각되지만, 그 이후 나는 축하해주는 선배에게 이렇게 말하기도 했다. "제 노력에 비하면 과하죠. 제가 상을 받을 자격이 있었나 싶어요. 모든 게 정말 운이 좋았던 것 같아요" 오히려 자신의 능력을 실제보다 깎아내리며 겸손의 말을 해야 사람들은 생각한다. '저 사람은 능력도 좋은데, 예의 바르기까지 하네. 사람이 됐어'라고. 하지만 왜 그렇게 자신을 깎아내리면서까지 겸손의 말을 해야 하는 것일까? 이렇게 말하면 안 되는 걸까?

"제가 발령받자마자 실적 올리기 위해 엄청 노력했거든요. 밤낮으로 연구하고, 귀찮다는 분들 설득하며 부지런히 노력했는데 결과가 좋으니 보람을 느낍니다. 앞으로도 더 열심히 하겠습니다."

우리는 칭찬이나 긍정적인 평가를 별것 아닌 일로, 단순히 운이 좋았던 것으로 말하며 자신의 노력과 능력을 열심히 깎아내린다. 속으로는 소소한 승리의 기쁨을 누리고 있으면서 겉으로는 이를 사실대로 드러내지 못한다. '그게 뭐 잘못된 거야, 예의고 미덕이지'라고 생각할 수도 있다. 하지만 왜 상대방에게 예의를 차리기 위해, 그리고 좋은 사람으로 보이기 위해 자신을 깎아내려야 하는지 오히려 내게는 그것이 더 의문이다. 있는 그대로, 사실대로 말하는 것이 왜 예의가 아니고, 좋지 않은 것이란 말인가.

상을 받은 뒤 운이 좋았다는 말을 들은 직원들은 오히려 뒤에서 내 흉을 보기도 했다. "그럼 그렇지. 신입사원이 뭘 알겠어. 그냥 운이 좋았던 거지"라는 말을 처음 들었을 땐 매우 화가 났다. 내가 내뱉은 겸손의 말이 타인의 입에서 다시 흘러나오니 기분이 좋지 않았던 것이다.

'자기들이 뭔데 나에 대해 이러쿵 저러쿵 하는 거야? 내가 얼마나 노력했는지 알지도 못하면서.'

나는 씩씩대다가 뒤늦게 화를 억누르려 했지만 불쾌한 감정은 쉽게 사라지지 않았다. 하지만 같은 말을 계속 들으니 분노의 감정은 옅어지고, 점점 우울해졌으며 의기소침해졌다. 감정이 그렇게 되니 내 입으로 한 말이 슬슬 사실처럼 느껴졌다. 내가 그렇게 말하지 않았던가. 나는 한 게 없고, 운이 좋았을 뿐이라고.

그런데 부정적인 생각은 거기서 멈추지 않고 의심을 점점 키웠다. '나는 정말 운이 좋았던 게 아닐까? 다음에도 이렇게 해낼 수 있을까? 아마 못할 거야. 자신이 없어'라는 생각으로 말이다. 이쯤 되니 앞으로도 잘 해내겠다는 용기가 사라지고, 잘할 수 있다는 자신감도 줄어들었다. 타인의 시선과 평가에 의기소침해지면서 일에 대한 재미와 의욕도 사라졌다. 짧았던 기쁨의 순간이 끝나고 감정의 긴 암흑기가 찾아왔다.

과유불급(過猶不及). 겸양도 마찬가지다. 인간생활에 겸손과 겸양은 필요하지만, 정도가 지나치면 내 능력과 가치를 과소평가하게 된다. 그렇게 나를 저평가하니 무엇이든 시도할 엄두가 나지 않는다. 이런 태도가 습관이 되어버린 한 친구는 급기야 자신이 타인을 도와주는 상황에서도 '걱정 마. 내가 도와줄게'가 아닌 '네가 허락해준다면, 내가 꼭 언제까지 이 일을 해결해줄게. 부탁이야. 내가 도울 수 있게 해줘'라고 말한다. 그 친구의 말을 듣고 있으면 누가 부탁을 들어주는 입장이고 누가 부탁을 하는 입장인지 헷갈릴 정도로 말이다.

"겸양이 지나치면 비굴함이 된다."

채근담에 나오는 말이다. 지나친 겸양과 겸손은 자신의 능력을 믿지 못하게 하며 비굴하게 만들고 스스로 비하하게 만든다. 그러다 보면 자연스럽게 의욕이 없어지고 자존감과 자신감이 떨어진다. 이후에는 자신이 충분히 할 수 있는 일임에도 불구하고 의기소침해져서 머뭇거리게 된다. 그러므로 이제는 자신을 깎아내리는 겸손과 겸양을 버리고 있는 그대로의 내 실력을 인정하고 받아들여 보자. 여름 들판의 푸른 보리는 꼿꼿이 서 있을 때 더 아름답다.

CHAPTER 20

나를 심판대에 세우지 말라

한번은 친구 한 명이 의기소침한 목소리로 전화를 걸어서는 "네가 선물로 준 장식품을 들어 올리다가 떨어뜨리는 바람에 산산조각이 나버렸어"라며 울먹였다. 미안함 가득한 친구의 목소리에 걱정이 앞선 나는, 뭘 그런 것 가지고 상심하냐며 친구를 달랬다. "그깟 장식품쯤이야 또 사면 그만이지만, 네가 다치지 않았으니 얼마나 다행이냐"며 위로의 말을 덧붙이는 것도 잊지 않았다.

한번은 동료 직원이 하소연을 했다. 곧 있을 회의에서 발표할 보고서를 만들다가 저장을 해놓지 않아서 다 날려버렸다는 것이다. 왜 저장을 하지 않았는지 이해되지 않는다며 준비성 없다고 자신을 책망하는 동료 직원에게 나는 말했다.

"괜찮아요. 참고 자료가 있으니 보고서를 다시 만들 수 있을 거예요. 한번 해봤으니 오히려 수월하지 않을까요. 다시 만들다 보면 예전보다 더 잘 만들어질 수도 있고. 만약 시간이 부족하면 내가 도와줄게요."

말 실수를 해서 상대방에 상처를 준 것 같다며 고민을 털어놓는 친구에게도, 시험인 걸 깜박하고 밤새 게임만 했다며 걱정하는 친구에게도, 열심히 노력했던 일이 생각처럼 잘 되지 않아 속상해 하는 친구에게도 나는 언제나 위로의 말을 건넨다. 그 위로의 말은 봄볕처럼 따뜻하고 포근하며 희망적이고, 이런 긍정적인 말은 어느덧 비극적인 일을 잊도록 마법을 부린다. 잘 생각해보면 내가 아닌 타인의 고통과 실수, 어려움을 대면했을 때 객관적으로 분석해서 냉철하게 조언하는 경우를 떠올리기란 힘들다. 어떻게 해서든 잔뜩 우울해 있는 상대방의 감정을 풀어주기에 여념 없다. "그런 일로 의기소침해하지 마. 그럴 수도 있지. 가자. 오늘은 내가 기분전환 시켜줄게." 그야말로 이 정도면 감정의 구세주가 아닐까.

하지만 타인이 아닌 내가 이런 실수를 저질렀다면 자신에게 뭐라고 말할까. 물론 다 그렇다고 일반화할 수는 없지만, 타인에게는 태평양보다 넓은 이해심을 보인 사람이라도 자신에게는 실개천보다 좁게 마음을 쓰는 경우가 있다.

"잘~한다. 잘~해."

'잘'이라는 부사에 온갖 감정을 담아 한껏 길이를 늘이는 것으로 얼음왕국보다 시린 자기비판이 시작된다. '그러게, 미리 좀 하지 그랬어. 꼼꼼히 준비했어야지. 더 조심했어야지. 더 알아봤어야지'라며 자신의 미흡했던 부분을 지적하고 질책한다. 상황이 뜻대로 되지 않을 수도 있음을 고려하지 않고, 충분히 그럴만한 사정이 있었는지 돌아보지도 않은 채 스스로에게 삿대질을 해댄다. 냉정한 자기비판이 나쁜 일인가 싶겠지만, 문제는 그렇게 지적하다 보면 감정이 격해져 자기 비난으로 이어지기 쉽다는 것이다. '난 항상 이 모양이야. 알면서도 절대 못 고치지. 짜증 나. 난 정말 바보야. 한심하기 짝이 없어.' 이렇게 엄격한 자기비판이 자기 비난을 낳기도 한다. 나를 향한 비판의 기준은 유난히 엄격하고, 내게 퍼붓는 비난의 말은 더욱 날카롭다. 냉정한 자기비판이라는 미명하에 자기를 비난하고 자조적으로 자학의 말을 내뱉을 때 가장 상처받는 사람이 나라는 사실을 간과한 채, 스스로에게 계속 상처를 낸다.

아직도 납득이 되지 않는다면 반대로 생각해보자. 내가 나에게 했던 말을 타인에게도 할 수 있는지를, 그 말을 들은 타인의 기분이 어떨지를, 그리고 이런 말을 여과 없이 타인에게 했을 때 관계가 원만하게 유지될 수 있을지를. 역지사지의 마음을 내게도 적용해보면 생각보다 진실은 쉽게 다가온다. 어쩌면 우리는 나이기 때문에 타인보다 자신을 막 다루고 있지 않았을까? 그렇게 우리는 스스로에게 생채기를 내면서, 사실은 위로와 격려를 받고 싶었을 자신을 외면하고, 오히려 냉대하지는 않았을까?

나 역시 타인에게는 한없이 관대했지만, 자신에게는 엄격하게 대했다. 그러던 어느 날 친구가 내게 알려준 방법이 있다. 학창시절, 친구들과 함께 캠퍼스를 걷다 쾅당 넘어진 적이 있었다. 나는 벌떡 일어나 머리카락으로 얼굴을 가리고 "야, 창피해. 얼른 가자"라며 친구들보다 앞서 걷기 시작했다. 넘어졌다는 부끄러움이 상처의 아픔보다 커서 얼른 그 자리에서 벗어나고 싶었던 것이다. 그렇게 나는 습관처럼 내 몸의 상처를, 때로는 마음의 상처를 외면하고 있었다. 넘어진 것은 실수였지만, 그로 인해 내가 더 아플 수 있다는 사실은 간과한 것이다. 그런데 그때 함께 가던 친구가 나를 붙잡아 세웠다.

"괜찮아. 그럴 수도 있지. 부끄럽다고 도망치지 말고 그럴 땐 이렇게 해봐."

친구는 내게 감정을 먼저 돌보는 방법을 알려주었다. 그것은 바로 팔을 엇갈린 채로 접어 두 손바닥을 각각 맞은편 팔뚝에 대고 토닥토닥하는 것이다. 쉽게 말하면 자신이 자신의 팔뚝을 토닥토닥하는 것이다. 토닥토닥할 때는 입으로 '괜찮아. 괜찮아. 잘했어. 잘했어'라고 말한다.

처음에는 그 모양새가 어찌나 이상했던지 깔깔거리며 웃기 바빴지만, 그러다 보니 마음속에 자리 잡았던 부끄러움도 사

내게 엄격하게 대하는 마음의 이면에는 사실 괜찮다는 위로의 말이
듣고 싶었던 아프고 속상한 마음이 있었던 것은 아닐까.

라졌다. 그 후 우리는 누가 실수를 할 때마다 자신이 팔뚝을 토닥거리며 "잘한다. 잘한다. 괜찮아. 괜찮아"라고 말하고는 했다. 괜찮지 않은 마음을 괜찮아지게 만드는 마법의 주문 같은 방법 덕에 지금도 문제가 생겨서 비난과 두려움, 걱정의 감정이 움틀 때면 팔뚝을 토닥거리며 "괜찮아, 그럴 수 있어. 잘했어. 잘했어"라고 말하고는 한다. 그렇게 스스로에게 건넨 격려와 위로 덕분에 용기를 가지게 되었고, 장난 같은 가벼운 행동이었지만, 자기비하와 걱정, 원망, 부끄러움 등으로부터 나를 지킬 수 있었다.

내게 엄격하게 대하는 마음의 이면에는 사실 괜찮다는 위로의 말이 듣고 싶었던 아프고 속상한 마음이 있었던 것은 아닐까. 실패하거나 실수를 저지른 순간 설령 그 원인이 나였더라도 그 누구보다 위로받고 응원받고 싶었던 것은 바로 나 자신이다. 이런 나에게 괜찮다고, 그럼에도 불구하고 잘했다고, 수고 많았다고 따뜻한 말을 건넬 수 있다면 나를 향해 쏟아부었던 비난과 비하의 화살도 멈추게 될 것이다. 오늘도 열심히 살았을 우리를 위해 팔을 엑스자로 접어 팔뚝을 토닥이며 말해보자.

"잘했어. 잘했어. 다 괜찮아. 정말 수고 많았어."

PART 6

나는 분명히 하지 못할 거야

세상이 나를 어떻게 평가할까, 사람들이 나를 어떻게 바라볼까
생각하는 순간, 나는 내 모습을 잃어버린다.
내 가치는 내가 스스로 부인하지 않는 한
절대 떨어지지 않는다.

CHAPTER 21

나라는 우주를 얼마나 사랑하는지

　사랑받고 싶었다. 사랑이 부족했던 나는 결핍을 충족하기 위해 관계에 매달렸다. 또래집단 안에서 느끼는 소속감을 중요하게 여겼고, 무리의 중심이 되고 싶었다. 그것이 사랑받는 증거라고 느꼈고, 내 존재를 확인하는 방법이었으니까. 누구든지 도움을 주고, 친절을 베풀면 나를 소중히 대해줄 거라고 생각했다. 나의 소유욕은 강력했다. 나라는 지구를 중심으로 모두가 끌어당겨지며 내 주변을 돌길 원했다.

　어느 날, 부푼 마음으로 등교한 나는 단짝 친구가 다른 친구와 어울리는 것을 봤다. 내가 교실에 들어왔는데도 아는 척하지 않고 대화에 열중하는 모습을 보고 화가 났다. 내가 아닌 다른 친구와 더 친하게 지내는 것 같아 질투를 느꼈다. 나는 그 친구만을 생각해 다른 친구와는 친하게 지내지도 않는데, 친구는 왜 나를 그렇게 대하지 않을까 하는 생각에 배신감이 들었다. 속마음을 친구에게 말하지 못하고 끙끙 앓았다. 화와 배신의 감정은 친구에 대한 실망으로 바뀌었다. 생각하면 할수록 우울하고 슬펐으며 버림받을까 봐 두려웠다. 그래서 결국, 얼마 뒤 내게 말을 걸어오는 단짝 친구에게 분풀이하듯 화를 냈다. 요동치는 감정을 화살처럼 날려 보내고, 굳은 표정으로 친구를 대했다. 친구에게 느꼈던 실망감에 마음에 없는 소리가 튀어나오기도 했다. 친구는 그런 나를 이해하지 못했으니 그렇게 관계가 멀어지는 것도 무리는 아니었다.

소속감을 느끼고, 인정과 사랑을 원하는 것은 당연한 욕구다. 아주 어린 아기였을 때부터 우리는 부모의 사랑과 관심이 없으면 살 수 없는 존재로 태어났다. 어렸을 때부터 사랑에 대한 결핍이 컸던 나는 더 많은 애정을 원했다. 이런 욕심으로 인한 감정의 동요와 미숙한 행동은 관계의 삐걱거림을 만들어냈고, 삐걱거림이 잦아질수록 점점 더 관계에 종속되어 갔다. 더 노력하고 집착하는 것으로 관계를 견고히 하고 싶었던 것이다.

나처럼 친구에 대한 소유욕과 애정에 대한 갈망이 컸던 한 친구는 한여름에 벌겋게 상처가 난 손목을 드러낸 채 등교했다. 무슨 일이냐며 걱정하듯 다가와 묻는 반 아이들에게 둘러싸여, 친구는 '그냥 우울해서. 살고 싶지 않았어'라며 낮은 목소리로 말했다. 친구들은 그 친구를 위로하며 다독이고, 다시는 그런 짓 하지 말라며 애정 어린 충고를 했다. 그러나 친구의 낮은 목소리를 들었을 때 내 마음이 더 낮게 내려앉았다. 친구와 내 모습이 서로 오버랩 되면서 어쩌면 친구가 손목에 낸 상처를, 나는 내 마음에 내고 있지는 않았을까 하는 생각이 들었다. 사랑을 갈망하고, 관계에 집착하는 모습이, 원하는 것을 얻기 위해 자신을 포기하는 모습이 우린 너무 닮았으니까. 그럴지도 모른다는 생각이 들었다.

그렇게 돌아본 내 마음에도 친구처럼 상처가 가득했다. 그무렵 나는 사랑받고 싶어서 타인의 요구에 순응했다. 상대가 의견을 말하면, 설령 그것이 내 의사와 다르더라도 말하지 못하고 침묵했다. 나를 드러내면 미움받을 것 같다는 불안감이 '내 생각을 말한다고 바뀌지는 않아. 너는 너대로, 나는 나대로 옳은 거니까 쓸데없는 논쟁은 하지 말자'라는 꽤나 합리적인 것 같은 자기변명을 만들어내며 내 생각을 숨기게 만들었다. 하지만 이런 일이 반복될수록 사람들은 점점 나만의 영역을 침범해왔다. 당연하게 보내는 나의 일상을 간섭하며 자신들의 생각대로 살길 강요했다. 이런 것도 사랑이라고 느낀 나는 점점 나만의 방식과 개성을 잃어간 채 타인의 뜻을 따랐다.

나는 상대의 표정과 말투, 말을 살피며 눈치를 보았고, 조금이라도 부정적인 사인을 포착하면 '내가 뭘 잘못했나?' 하고 고민했다. 대화할 때면 내 생각이 아닌 상대가 원하는 대답을 하기 위해 머리를 굴렸다. 그러다 상대의 의도를 모를 때는 침묵했다. 말실수해서 상대방의 기분을 망치느니 고개를 끄덕이고 호응해주는 것으로 내 마음을 드러낸 것이다.

그러나 안타깝게도 이런 관계가 유지된다고 인정과 애정에 대한 욕구가 충족되지 않았다. 오히려 잘못된 방법으로 애정을 갈구할수록 무시당한 내 감정과 생각들은 강하게 저항했다. 일과를 마치고 집으로 돌아온 나는 밀려오는 허전함과 상실감에 우울했고 무기력했다. 언제든 배신당할지 모른다는 생각에 두려웠다. 그러다 사랑받고 싶은 욕구가 충족되지 않아 마음이 괴로워졌을 무렵, 상처를 만들어 온 친구의 손목을 떠올리며 생각했다.

'이 불행한 생각을 끊어내자! 그렇지 않으면 점점 더 괴로워질 거야!'

사람이 사랑 없이 살 수 있을까. 사랑이 없는 일상이 행복할 수 있을까. 아마도 그렇기는 매우 어려울 것이다. 사랑에서 오는 안정감과 평온함의 힘은 매우 중요하다. 그렇다면, 사랑을 포기할 수는 없으니 다른 방법으로 충족시켜 보는 것은 어떨까. 그것은 바로 사랑을 원하고, 주는 대상을 바꿔보는 것이다. 타인이 아닌 바로 자신으로. 힘들고 외로워서 위로와 사랑의 온기가 필요할 때 나 스스로 사랑을 말해주고, 긍정의 메시지를 말해보는 건 어떨까. 허무맹랑하게 들릴 수도 있지만, 우리의 뇌는 이 말을 누가 했는지 인식하지 못한다고 한다. 남으로부터 들었던, 내가 한 말을 들었던 뇌는 오직 긍정적인 말을 들은 것으로 받아들인다는 것이다.

아주 쉬운 방법이지만 이 방법은 매우 효과적이다. 매일 시간이 날 때마다 틈틈이, 내가 나에게 긍정과 사랑의 말을 하면서부터 내 생각과 일상이 바뀌기 시작했다. 타인에게 갈구했던 애정에 대한 욕심이 현저히 줄어들었고, 사랑받고 싶고 인정받고 싶어서 했던 말과 행동들이 줄어든 것이다. 내 마음에 찾아온 평화는 타인에게도 너그럽게 대하도록 만들었다. 힘들어하는 친구에게 진심을 다해 위로하고, 내가 먼저 주변 사람들을 돌보게 되었다. '왜 항상 나만 사람들을 챙기는 거지?'라며 불만을 토로할 일도 없어졌다. 그렇게 내가 나를 사랑할수록 자연스럽게 타인을 더 사랑하게 되었고, 나의 사랑을 받은 상대방은 나를 더 소중하게 대해주었다.

우리는 저마다 '나'라는 우주의 중심이다. 예전의 나는 이 사실을 미처 몰랐다. 우주의 중심인 줄 알았던 지구도 끊임없이 끌어당겨지고 빙빙 돈다는 사실을. 그리고 각자 우주의 중심은 바로 나 자신이라는 것을. 그러니 다른 우주의 중심을 끌어당길 수는 없다. 그것을 끌어당기는 데에는 아주 큰 인력(引力)이 필요하니까, 버겁고 힘든 게 당연하다. 타인이라는 우주는 적당한 간격을 유지하고만 있어도 충분하다. 그러니 타인의 우주를 끌어당기는 데 많은 노력을 기울이지 말고, 나만의 우주를 아름답게 가꾸는 일에 몰입해보자. 그러면 나라는 별을 둘러싸고 빙빙 도는 아름다운 별들이 늘어날 것이다.

CHAPTER 22

나의 가치는 내가 높인다

한때 나는 스스로를 사랑하고, 아끼고, 자랑스럽게 여기던 아이였다. 친구들은 그런 나를 공주병이라고 불렀지만, 나는 그런 별명에 아랑곳하지 않고 당당하게 말하고는 했다. "나는 공주병이 아니고 그냥 공주야. 앞으로는 공주라고 불러!" 물론 그렇다고 나를 공주라고 불러준 친구들은 없었다. 사람들이 나를 어떻게 인식하든 뭐라고 부르든 한동안 나는 그렇게 살았다. 자신을 믿고 사랑하며 사는 것은 어렵지 않았고, 오히려 당연한 일이었다. 물론 일이 원하는 대로 되지 않았을 땐 걱정을 하며 속앓이를 하기도 했지만 다행히 그런 마음도 잠시였고, 언제나 '난 잘 해낼 거야. 나는 날 믿어. 두려울 것 하나 없어'라고 생각하며 자신을 다독였다.

그런데 사회인이 된 뒤, 한참의 시간이 흘러 돌아보니 나는 너무 외로웠다. 샤방샤방한 드레스를 입은 공주님은 어디론가 사라졌고, 낯선 모습의 내가 남아 있었다. 나를 사랑하고 아껴주던 내가 사라지고 없었다. 공주님의 자기애, 당당함, 긍정적인 것들은 어느새 자취를 감췄고 새로운 내게는 공허함, 답답함, 조바심, 걱정과 불안, 두려움이 가득 차 있었다. 내 마음속 공주님은 어디로 사라져버렸을까. 아니, 왜 사라져버렸을까.

세상은 아무것도 모르는 공주님에게 유순한 양처럼 굴지 않았다. 인생의 길에서 때로는 넘어지고, 추락하고, 상처를 받을 때가 왔고, 모든 사람이 내게 우호적인 것도 아니었다. 나를 좋아하고, 인정해주는 사람들 뒤에는 내게 손가락질하고 적대감으로 대하는 사람들이 있었다. 그들은 '원숭이도 나무에서 떨어질 때가 있다는데 언제까지 잘나가나 두고 보자'라며 나의 실패를 기다렸다. 그러다 내가 실수라도 할라치면 '거봐. 내가 저렇게 될 줄 알았다니까. 기고만장할 때부터 알아봤지'라며 혀를 끌끌 찼다. 근거 없이 자신감에 가득 찬, 자기애가 충만한 내가 눈엣가시였던 것일까. 그들은 나의 아픔에 기다렸다는 듯이 조소를 보냈다. 그러고는 입가에 야릇한 미소를 띠며 나를 위로했다.

"뭐든 분수껏 해. 욕심이 과하면 쓰러지는 법이야."

이쯤에서 사실을 하나 고백하자면 스스로 공주라 불렀던 내 마음속 깊은 곳에는 사람들에게 사랑받고 싶고, 인정받고 싶은 욕구가 있었다. 무엇이든 잘하고 남들보다 뛰어나면 그럴 수 있다고 굳게 믿었다. 그래서 나는 학교에서 받아온 상장을 보여드렸을 때 기뻐하는 어머니의 표정을 놓치고 싶지 않았다. 그것이 곧 내게 사랑과 인정의 표현이었으니까. 또한 대학교에 합격했을 때, 장학금을 받았을 때, 취업했을 때, 실적이 좋았을 때 받는 칭찬과 추켜세움의 말에 행복감을 느꼈다. 가족뿐만 아니라 주변 사람들에게 인정받으니 더없이 행복했고, 두려울 것이 없었으며 자신만만했다.

그러나 실패가 쌓일수록 나는 점점 변해갔다. 내가 진정으로 나를 사랑하지 못한 탓에, 타인의 애정과 인정을 받는 나를 사랑했던 탓에, 그렇지 않은 상황을 마주할 때마다 쓰러져 일어설 수 없었다. 오랫동안 친구라고 믿었던 친구와의 관계가 사소한 오해로 멀어지고, 일을 하면서 만난 사람들과 마찰이 생기고, 이직하기 위해 준비한 노력이 물거품이 되면서 나는 공주였던 예전의 모습에서 조금씩 다른 내가 되어갔다.

'분수껏 했어야 했는데… 욕심이 과했구나. 그래서 내가 또 쓰러지나 봐.'

자신감이 사라졌고 자존감이 떨어졌으며, 우울감이 찾아왔다. 무엇을 시도한다 한들 또다시 실패할 것이라는 불안감에 한 발짝도 움직일 수가 없었다. 용기도, 의지도 갖지 못한 채 나는 결국 주저앉아 버렸다. 이렇게 내 마음속 공주님을 잃어버린 뒤로, 감정을 낭비하며 내 인생마저 갉아먹었을 때가 되어서야 비로소 나를 이렇게 만든 원인이 무엇인지 깨달을 수 있었다. 그것은 바로 세상의 평가도, 시선도 모두 무의미하다는 것이다.

세상이 나를 어떻게 평가할까, 사람들이 나를 어떻게 바라볼까 생각하는 순간, 나는 내 모습을 잃어버린다. 내가 원하는 모습이 아닌 세상이 원하는 모습이 되어 다른 사람처럼 살게 되는 것이다. 내가 원했던 사람들의 인정과 사랑은 나 스스로 사랑하지 않고 인정해주지 않으면 아무 소용이 없었다. 스스로를 사랑하지 않으면 그 어떤 긍정적인 말과 찬사를 듣는다 해도 그것을 믿지 않고, 의심하기 때문이다. 나는 내가 바라보고 인식하는 대로 생각하고 행동한다. 그래서 내가 나를 믿지 않고 자책하면 타인이 어떤 긍정의 말로 힘을 준다 한들 받아들일 수가 없다.

내가 그토록 신경 썼던 타인의 비평 역시 신경 쓸 필요가 없었다. 그 비평을 제대로 받아들이지 못하고, 오히려 비평의 틀에 갇혀 옴짝달싹 못한다면 신경 쓰지 않는 편이 내게 더 이롭다. 왜냐고? 그들은 나를 잘 알지 못한다. 나를 오랫동안 알아온 사람이라면 때로는 냉정하게 조언을 하고, 그것이 내게 도움이 될 수 있겠지만, 내게 조언과 비평을 하는 사람들은 나를 잘 모르는 사람들이거나 관심과 애정이 없는 사람들이 더 많다. 그들은 내가 잘 되길 바라는 진심에서가 아닌 단지 하나의 가십으로 떠들어 댈 수 있다. 그런 말에 내가 하나하나 반응하고 수용해야 할까. 가치 없고 무의미한 말과 행동에는 마찬가지로 가치 없고 무의미하게 응수하면 되는 것이다.

　타인의 비평을 신경 쓸 시간에 있는 그대로의 나를 사랑하고, 또 그렇게 될 수 있도록 나를 믿어보자. 자신을 믿지 못하는 사람은 다른 사람도 믿고 지지해주지 않는다. 내가 진창을 뒹굴더라도, 혹은 영광의 순간을 맞이하더라도, 그 어떤 순간에라도 두 번 다시 나를 의심하고 부정하지 말자. 나의 가장 든든한 1호 팬은 바로 나다. 1호 팬의 유일한 소명은 자신을 사랑하고 믿는 것이다. 그러면 그 어떤 순간이 와도 스스로를 의심하며 두려워하지 않고 앞으로 나아갈 용기를 가지게 될 것이다. 내 가치는 내가 스스로 부인하지 않는 한 절대 떨어지지 않는다.

CHAPTER 23

굽이치는 파도 속에서
쓰러지지 않으려면

　타임머신이 있어서 내가 원하는 시간으로 갈 수 있다면 얼마나 좋을까. 그러면 시간을 미래로 돌려 미래의 내 모습을 살짝 보고 오는 것이다. 그렇게 한다면 앞으로 어찌될지 모르는 미래에 대한 불안과 두려움을 조금이라도 덜어낼 수 있지 않을까? 타임머신은 아니지만, 그런 역할을 하는 것을 가끔 찾아다닌 적이 있었다. 용하다는 점집을 가거나 타로 점을 보러 가는 것이다. 내 직업운은 어떨지, 애인은 생길지, 지금 하고 있는 일은 잘 될지 등등 미래에 일어날 일들에 대한 확신 아닌 확신을 얻기 위해 가고는 했었다. 그 말을 100% 신뢰했기 때문이 아니었다. 오히려 그보다는 내 생각에 대한 확신을 얻고 싶은 마음이 더 컸다. 내 미래가 어떨지 모르는 막막한 상황에서, 지금의 고통을 미래로 이고 가지 않아도 된다는 확신만 있으면 이 힘든 시간도 견뎌낼 수 있을 것 같았다. 그래서 나는 두려움과 불안, 걱정, 고민에 대한 부담감을 조금이나마 덜어내기 위해 그런 곳들을 찾아다니곤 했다.

미래는 언제나 불안하다. 미래가 어떤 모습일지 알 수 없기에 불안과 두려움이 생긴다. 아주 작은 사건을 계기로 시련에 빠지게 되지는 않을지, 만약 그렇게 된다면 그로 인해 어떤 미래가 펼쳐질지, 그리고 그 시간은 얼마나 길지 알 수 없어서 두렵고 걱정이 된다. 그래서 끊임없이 고민한다.

'내 미래는 어떻게 될까. 나는 무엇을 해야 될까. 무엇을 해야 잘 살 수 있을까.'

마치 불투명한 유리 벽 너머의 세상을 보기 위해 닦고 또 닦아보지만 뿌연 벽에 가려진 그 뒤의 세상은 여전히 아무것도 보이지 않는다. 고민하고 노력해도 미래는 언제나 불투명한 유리벽 너머에 있는 더 불투명한 대상이다. 그래서인지 나는 미래를 막연히라도 그려보기 위해 무진 애를 썼다. 남은 생을 위해 무엇을 해야 할지 끊임없이 고민했고, 어떤 직업이 안정적인지 의심하고 되돌아봤다. 취업을 해서도 정년퇴직 때까지 해낼 수 있을지 걱정했다. 세상이 말하는 안정적인 상황이 되었지만, 걱정과 불안은 마음속에서 사라지지 않고, 오히려 또 다른 걱정을 만들었다.

결국 하고 싶은 일, 좋아하는 일이 있었지만 조금이라도 빨리 경제적인 안정을 찾고 싶었던 마음에 직장을 선택했다. 이

것이 화근이었다. 취업을 했다는 사실이 일시적으로 걱정을 내려놓게 했지만, 일을 하면 할수록 일로 인한 재미와 보람이 없어졌고, 더 이상 일에 흥미를 느끼지 못하게 되었다. 그렇게 바라던 취업에 성공했지만 이 일을 계속 할 자신이 없었다. 결국 다시 걱정이 되기 시작했다. 연속해서 밀려오는 불안의 파도를 만나 이리 휩쓸리고 저리 휩쓸릴 수밖에 없었다. 더 행복하게 즐길 수 있는 삶이었음에도 불구하고, 걱정의 나락에 빠져 불행 속에서 허우적대고 있었다.

내가 끊임없이 흔들렸던 것은 바로 내 중심이 확고하게 바로 서지 않았기 때문이었다. 걱정이 계속될수록 피폐해지는 것은 나 자신이었다. 회사를 그만두고 원하는 것을 하기 위해 노력한들 그것이 밥벌이가 된다는 보장은 없었다. 그렇다고 지금의 회사를 계속 다니고 싶지는 않았다. 얼마나 고통스럽고 힘든 생활일지 이미 경험해서 알고 있었기 때문이다. 불행이 뻔히 보이는 지금의 삶과 불행할 수도 있는 새로운 삶의 갈림길에서 나는 어떤 길을 향해 걸어가야 할지 고민했다. 전자의 길은 지금 이대로 회사에 남아 그 속에서 안정감을 느끼는 삶을 사는 것이었고, 후자의 길은 내가 진짜 하고 싶은 일을 하기 위해 불안정한 삶을 사는 것이었다.

어쩌면 누군가에게는 무척이나 쉬운 문제의 답을 내리기 위해 한참을 고민했고, 결국 나는 고통도 불확실한 것보다는 확실한 것이 더 나을 것이라는 생각에 회사에 남는 것을 택했다. 어떤 고통일지 뻔히 알고 있으니 내가 잘 견디기만 하면 조금씩 나아질 것이라고 믿었다. 고통이 확실한 것만큼 불투명한 미래 역시 또렷해질 것이라고 믿었다. 하지만 공교롭게도 그 삶이 행복하지 않았다. 아이러니하게도 확실한 고통을 선택한 미래도 불확실하기는 매한가지였다. 그래서 뜻대로 일이 해결되지 않을 때마다 내가 선택하지 않은 길을 바라보며 후회했고, 해야 할 일을 억지로 하느라 스트레스를 받았다. 짜증과 우울 속에서 이렇게밖에 살지 못하는 내가 밉고 원망스러웠다. 재미도, 성취감도 없는 일을 억지로 해야 했으니 일에 대한 의욕은 줄어들었고, 업무에 대한 만족도도 떨어졌다. 우울한 내 감정은 우울한 하루를 끌어당겼다. 이런 우울한 하루가 계속되자 급기야 내 삶이 미워 보이기 시작했다.

'이런 삶을 사는 것이 무슨 의미가 있을까. 그냥 다 끝내버리자.'

삶의 의지와 희망이 사라진 자리에 남은 불안과 두려움에 결국 굴복하고 말았다. 나를 향해 다가오는 감정의 쓰나미에 내 삶은 피폐해졌고, 초토화되었다. 하지만 모든 것을 끝내고 싶다고 생각하며 마음을 비운 그 순간 우연히 새로운 시작을 할 수 있게 됐다. 감정의 굴곡을 겪으며 이미 한 번 끝난 인생이었으니 또 다른 삶을 시작할 용기를 가지게 되었다. 엉망으로 쌓아올린 블록 조각이 가득한 게임에서 리셋 버튼을 누른 뒤 다시 블록 조각을 쌓아올리듯 새 삶을 살고 싶은 마음이 생겼다. 감정의 나락에 떨어져서야 삶에 대한 인식을 비로소 뒤집을 수 있었던 것이다.

글을 쓰기 시작하면서 변화가 시작됐다. 그리고 한 특강에서 들은 강연자의 말이 큰 지지대가 되었다. 내 삶이 책이 될 수 있다는 말에 힘이 났고, 똑똑하고 뛰어난 사람만 작가가 되는 세상이 아니라는 말에 용기가 생긴 것이다. 스스로 이룰 수 없는 꿈이라고 규정하며 배제한 작가라는 꿈을 이뤄보고 싶다는 생각이 들었다. 그래서 나는 그때부터 무턱대고 글을 썼다.

물론 글을 쓴다고 해서 작가가 될 수 있다는 보장은 없었고, 내 글이 책으로 나온다는 보장 역시 없었지만, 신기하게도 내가 그토록 바랐던 일을 했다는 사실만으로 나의 삶이 달라졌다. 불확실한 미래는 여전했지만, 그것을 부정적인 것이 아닌 삶을 향한 의지와 목표로 받아들이게 된 것이다.

그 덕에 매일 밤 꿈속에서 죽고, 쫓기고, 울었던 내 인생이 밤하늘을 아름답게 수놓는 별들처럼 반짝이기 시작했다. 마음이 평화로웠다. 내 미래는 여전히 불투명하고 미지의 시간이지만, 그 끝에는 밝은 빛이 기다리고 있을 것이라는 믿음과 확신이 미래를 두려워하지 않게 만들었다. 오직 내 꿈을 이뤄

나갈 방법을 생각하며 목표를 세우고, 그것을 하나씩 이룰 뿐이었다.

삶이라는 바다 위에서 좌초의 위기를 겪었던 나는 내 꿈과 함께하면서 방향키를 다시 올바르게 할 수 있었고, 순풍을 탈 수 있었다.

CHAPTER 24

오르다 보니 어느덧 정상이더라

　내 인생이 두꺼운 암막에 뒤덮여 칠흑 같은 어둠 속이었을 때, 한 줄기 빛을 내어 출구로 이끌어준 존재가 있다. 존재라고 표현하기엔 다소 어울리지 않을 수 있지만, 그것은 바로 오랫동안 내가 하고 싶었던 것, 바로 나의 꿈이다. 책을 출간해 독자들과 글로 소통하고 싶다는 생각이 들자 그동안 나를 억눌러 왔던 무기력함과 패배의식에서 빠져나올 수 있었다. '무엇을 해도 난 안 될 거야. 다 필요 없어'라는 생각이 '이것은 이룰 수 있지 않을까?'라는 작은 희망으로 바뀌고, 꿈을 향해 걸어가는 과정에서 '나는 꼭 이뤄낼 거야. 할 수 있어'라는 확신으로 바뀌었다.

　그 무렵 내가 읽었던 책에서는 긍정적인 자기 확신이 얼마나 중요한지 한 목소리로 말하고 있었다. 어차피 떨어질 대로 떨어진 인생이었으니 이제 뭐든 붙잡고 믿어보고 싶었다. 무엇보다 내가 생각한 대로 이뤄진다는 말을 믿어서 손해 볼 것이 없었다. 밑져야 본전이지 않는가. 그걸 믿는다고 해서 내게 안 좋은 일이 일어날 것 같지 않으니, 마치 모든 소원을 다 이뤄준다는 마법 주문을 외우는 것처럼 '나는 작가라는 내 꿈을 이뤄 많은 독자와 소통하며 사랑과 행복을 전파하고 있다'라고 되뇌었다. 책상에는 그런 나의 소망이 담긴 짧은 문장한 줄이 아직도 자리 잡고 있다. 글을 쓰는 것이 힘들게 느껴질 때, 마음대로 글이 써지지 않아 마음이 답답해질 때면 책상 위에 쓰여 있는 문장을 보며 꿈을 이룬 내 모습을 상상했다. 이렇게 하니 흔히 실패라고 규정하는 순간이 와도 낙심과 우울함, 의기소침한 감정에 오래 머무르지 않고, 다시 힘을 얻어 원상태로 돌아올 수 있었다.

물론 내가 그토록 원하고 하고 싶었던 일을 하고 있더라도, 다시 말해 꿈을 이루기 위해 노력 중이라고 할지라도 때로는 막막하다. 꿈을 이루는 과정은 끝이 없다. 통장의 잔고처럼, 학업 성적처럼 눈으로 확인할 수 있는 지표가 있는 것도 아니다. 무언가 꾸준히 하고는 있지만, 그것이 내가 원하는 일을하는 데 도움이 되는 것인지 확인할 수가 없어 걱정이 된다. 때로는 이 길이 맞는지 의심이 들기도 하고 꿈을 이룰 수 있을지 두려움을 느낄 수도 있다. 결과가 없으니 이런 생각이 드는 것도 무리는 아니다.

빨리 성과를 내야 한다는 조바심도 결과에 연연하게 만든다. 6개월, 1년, 혹은 3년이나 5년. 꾸준히 꿈을 이루기 위해 노력했음에도 만족스러운 수준으로 달성하지 못했거나 전과 다를 바 없는 단계에 머물러 있으면 '내가 소질이 없는 것은 아닌가. 이 길이 내 길이 아닌 건 아닐까' 하는 의심이 생긴다. 하지만 진인사대천명(盡人事待天命)이라는 말이 있지 않은가. 내가 할 수 있는 노력을 다하면 꿈은 이루어지기 마련이다. 인기 아이돌 중 어떤 멤버는 연습 기간만 5년이 넘었다고 하고, 어떤 배우는 연기자로 이름을 날리기까지 10년 넘게 무명 생활을 했다는 이야기를 듣고는 한다. 그 오랜 기간 막막함을 이겨낸 것은 바로 꿈을 이루고 싶다는 강한 의지 때문이었을 것이다.

작가가 되기 위해 본격적으로 준비를 하겠다는 말을 했을 때, 오랫동안 나를 알아온 사람들은 '드디어 그토록 하고 싶은 일을 하는구나'라며 축하해주었지만, 어떤 사람들은 괜찮겠냐는 우려의 목소리를 건네기도 했다. 쉽지 않고, 불확실한 길인데 다시 생각해보라며 그들 나름의 조언을 건네기도 했다. 그들은 내 나이, 처한 상황, 꿈을 이룰 수 없다는 자기만의 판단으로 현실적인 것에 도전하라는 말까지 덧붙였다. 이런 말을 들으면 어떤 강한 다짐을 했더라도 순간은 흔들린다.

새로운 시작의 길에서 격려와 응원을 받고 싶었던 내 마음은 정반대의 말에 흔들렸다. 마음속에 자리 잡은 아주 작은 흔들림은 눈 깜짝할 사이에 몸집을 키워 마음을 더 격렬히 흔들어 놓는다. 그러므로 마음을 잡아줄 장치가 필요하다. 꿈을 이룰 수 있다는 긍정적인 생각과 함께 꿈을 이뤄가는 과정에 이룰 수 있는 작은 꿈들, 작은 목표들을 찾는 것이다. 작은 목표의 더 작은 목표를 세우는 것은 매우 효과적이다. 먼저 즉각적인 성취감을 느낄 수 있다. 오늘도 나의 꿈을 이루기 위해 무엇인가를 이뤄냈다는 사실이 스스로 만족감을 주고, 뜻대로 이뤘다는 기쁨을 준다. 이런 긍정적인 감정들은 꿈을 향해 걸어가는 긴 과정을 지루하지 않게 만들고, 오히려 행복하게 만든다.

작아 보이지만, 그래서 꿈을 이루기엔 너무 하찮아 보이지만, 그렇게 하나씩 이뤄낸 작은 성공들이 모이고 모이면 결국 꿈을 이루게 된다. 그리고 이때 느낀 성취감은 꿈을 향해 가는 길에 원동력이 된다. 오늘도 나의 목표를 이뤄내며 '할 수 있다'는 자신감을 느끼게 한다. 또한 성취감과 기쁨, 언젠가는 이룰 것이라는 확신과 행복감을 준다. 이런 긍정적인 마음 상태가 이어진다면 이루지 못할 일이 뭐가 있겠는가.

한라산을 등산하면서 당혹스러웠던 기억이 있다. 분명 등산이라 함은 산을 오르는 것인데, 갑자기 내리막길이 나오는 것이다. 해발 1,950m의 목적지에 도착하려면 올라가야 하는

데 내려간다니, '혹시 길을 잘못 든 건가' 하는 걱정이 앞섰다. 하지만 이정표를 따라 묵묵히 걸었다. 숨이 턱 끝까지 차오르고 심장이 터질 것처럼 두근거릴 때는 잠시 쉬면서 숨을 고르고 다시 산을 올랐다. 그렇게 걷고 또 걷고, 오르고 또 오르니 드디어 정상에 도착했다. 의심에 흔들리지 않고, 믿고 포기하지 않은 노력의 끝에 정상에 올라야만 맛볼 수 있는 장관이 펼쳐져 있었다.

꿈을 이뤄나가는 것은 어쩌면 산을 오르는 것과 같다. 심장이 터져버릴 것처럼 힘들고, 이 길이 맞을까 의심이 되지만, 묵묵히 오르고 또 오르면 어느덧 정상에 도달해 있을 것이다. 그 여정의 길에는 길을 밝혀줄 '자신감과 믿음'을 한 손에 들고, 나머지 한 손에는 중간중간 이룰 작은 목표들이 적힌 이정표를 들고 가면 된다. 그러면 어느 순간 어려움이 찾아와도 주저함 없이, 두려움 없이 이겨내고 앞으로 나아갈 수 있을 것이다. 그리고 그렇게 나아가는 목적지에 도달하면 시원한 바람이 이마의 땀을 식히고, 안개가 걷힌 정상에서 세상을 내려다보듯 꿈을 이룬 환희의 순간을 만끽하게 될 것이다. 확신과 믿음은 불안과 두려움을 잊게 한다.

PART 7

사람들이 나를
미워하면 어쩌지

내 진심을 숨기지 말자. 있는 그대로의 내 마음을 사실대로 말하자.
말해도 괜찮고, 미움받지 않는다는 경험을 조금씩 쌓으면
그것이 어렵고 불편하지 않음을 알게 된다.

CHAPTER 25

미움받는 건 내 잘못이 아니야

학창시절 왕따를 경험한 적이 있다. 여러 명의 친구들이 무리를 지어 놀다가 누군가가 마음에 들지 않는다고 지목하면 그때부터 그 지목된 친구는 왕따가 되었다. 그러다 화해하면 친구로 지내고, 또다시 지목된 친구를 따돌리는 해괴한 친구 관계에서 나 역시 왕따가 되었다. 학창 시절 중 2년은 왕따가 되고, 왕따를 시키는 시간의 반복이었다. 내가 가장 사랑받고 싶었던 집단에서 미움을 받고, 배제되었다는 사실은 너무 충격적이었고, 공포였다. 그렇다고 어울리는 친구가 없었던 것도 아니었는데, 그 무리에 속하지 못했다는 사실이 괴로웠다. 왕따를 당하는 이유가 정당한지(물론 이유가 있더라도 옳은 행위는 아니지만), 따돌리고 따돌림당하는 행위가 적절한지 부적절한지에 대해서도 생각할 여유가 없었다.

"친구끼리 이러는 것은 옳지 않아"라고 말하거나 "나는 너희들이랑 이제 안 놀 거야. 정상적인 교우관계를 맺는 친구들이랑 놀 거야"라고 말할 용기도 없었다. 그때 당시 그 무리는 오랫동안 함께해 온, 그렇기 때문에 떠날 수 없는 익숙하고 편한 곳이었고, 내가 동경하는 것이었다. 아이러니하게도, 그 무리에 속했다는 것만으로 심리적 안정을 느꼈다. 바쁜 가족에게 받지 못했던 사랑, 충족되지 못한 애정과 관심을 그 친구들에게 받고 싶었고, 소중한 존재가 되고 싶었다. 하지만 이런 강한 욕망이 좌절되었을 때, 물리적인 폭력 없이도 따돌림을 당한다는 것은 최악의 공포였다. 공포는 이성적인 생각을 정지시켰고, 그런 상태에서 나는 영영 친구들에게서 미움을 받는 건 아닌지, 왕따로 낙인찍힌 채 살게 되는 것은 아닌지 두려워할 뿐이었다.

헤르만 헤세의 소설 《데미안》의 주인공 싱클레어는 자신이 어울리고 싶은 무리에서 미움받지 않고 배제당하지 않기 위해, 그리고 있어 보이기 위해 과수원에서 사과를 훔쳤다고 거짓말을 한다. 독실한 크리스천인 부모님의 가르침과 그로 인해 오랫동안 형성되어 있었던 자신의 신념, 가치관을 깨부수면서까지 싱클레어가 얻고 싶었던 것은 자신이 원하는 집단에서 느끼는 소속감과 입지였다. 하지만 그 거짓말의 결과는 참혹했다. 싱클레어는 힘세고 싸움 잘하는 크로머에게 협박받으며 돈을 가져다 바치고, 원치 않는 일을 하며 고통의 나

날을 보낸다. 데미안이 나타나 자신을 구원해주기 전까지. 친구들에게 미움받지 않기 위해 노력했던 나는 어땠을까. 운이 좋아 싱클레어와는 다른 경험을 했을까.

팬찮은 사람으로 보이고 싶고, 인정받고 싶고, 유능해 보이고 싶고, 필요한 사람이 되고 싶고, 소중한 사람이 되고 싶고, 소중한 사람으로 대해지고 싶다는 욕망은 내게 많은 것을 요구했다. 싱클레어의 거짓말처럼 내게도 무언가가 있어야 했다. 그것은 바로, 뒤처지면 안 된다는 생각이었다. 내가 친구들의 비위를 잘 맞춰주면, 상대방을 잘 배려해주면 무리에서 소외되지 않고 사랑받을 수 있지 않을까.

이런 생각은 나를 다그쳤다. 무엇을 하든 잘 하기 위해 노력했고, 친구들과 함께 하는 것들은 적극적으로 참여했으며, 친구들을 대할 때도 온 정성을 다했다. 그러다 보니 나의 에너지는 바닥을 드러냈다. 상급 학교에 진학해 그 무리의 친구들과 헤어지게 되었음에도 이런 습관은 사라지지 않고 남아 있었다. 항상 눈치를 살피고, 팬찮은 척하고, 소중한 사람이 되기 위해 노력했다. 그러나 이런 노력들이 내게 유익할 리가 없었다. 어느덧 대인관계는 스트레스로 느껴져 점점 회피하고 싶어졌고, 무엇인가를 열심히 하는 것도 부담스러워졌다. 그렇게 자연스럽게 나는 활발하고 시끄러운 아이에서 조용한 아이가 되었다. 그러나 침묵하는 아이에게도 구원자가 필요했다. 하지만 더 이상 타인에게 의지하고 싶지 않았다. 그러니 이번에는 스스로 나의 구원자가 되어보자고 마음을 먹었다. 그렇지 않다면 예전처럼 또다시 무리하며 애쓸 것이 뻔했으니까. 미움받을까 봐 두려워 전전긍긍하고 있는 자신에게 물어보았다.

'미움받는 것이 그렇게 고통스럽고 힘든 일이야? 미움받으면 어떤 불이익이 생길까? 모든 사람이 내가 원하는 대로 나를 사랑하는 것이 가능한 일일까?'

스스로 질문을 던지며 답을 찾았다. 대답은 매우 단순했다. 'No!'였기 때문이다. 아무리 생각해도 미움을 받는다고 내게 불이익이 생길 것 같지 않았다. 미움받는다는 사실에 마음이 아프고 불편한 감정을 느낄 수는 있지만, 그것이 내게 그리 큰 영향을 주지 못한다는 것도 깨달았다. 무엇보다 그것을 해소할 방법도 충분히 있었다. 다른 사람들과 어울리거나 나를 미워하는 사람을 아예 무시하거나, 당당하게 이유를 물어 오해를 풀 수도 있다. 미움은 때로는 가볍게 털어버릴 수 있는 사소한 일이기도 하다. 내가 얽매이고 연연하지 않는다면.

중요한 사실은 모든 사람이 나를 좋아할 수 없다는 것이다. 저마다 각기 다른 개성을 가지고 태어난 우리는 모든 사람에게 사랑받을 수 없다. 나의 어떤 면이 누군가에게는 거슬리겠지만, 다른 누군가에게는 좋게 보일 수 있다. 누군가에게 미움을 받는 것은 나의 문제가 아니다. 나를 미워하는 그 사람의 문제인 것이다. 누군가 나의 어떤 면이 마음에 들지 않아 미워할 수는 있지만 똑같은 이유로 나를 미워하는 사람이 또 얼마나 있을까. 다른 사람들은 대수롭지 않게 받아들이는 것을 그 사람만 마음에 안 들어 한다면 그것은 내 문제가 아닌, 그것을 받아들이지 못하는 그 사람의 문제인 것이다. 그러나 우리에게는 열 사람의 다독거림보다 한 사람의 삿대질이 더 크게 다가온다. 그래서 한 명의 삿대질을 지나치게 의식하고, 이를 없애기 위해 무던히 애를 쓴다. 나를 인정해주고 사랑해주는 사람들에게 쏟아도 부족한 에너지를 굳이 그렇게 하지 않아도 되는 존재를 위해 쏟아붓는 꼴이다. 차라리 미움받지 않으려는 노력을 다른 곳에 써보면 어떨까. 그러면 제법 근사하고 멋진 우리의 모습에 매료된 다른 사람이 더 생길지도 모른다.

미움받는 것을 신경 쓸 필요가 없다. 타인의 미움을 사지 않기 위해 행동하면 결국 내가 나를 미워하게 된다. 만약 지금 내가 미움을 받고 있어 슬프고 힘들다면, 혹은 미움받을까 봐 두렵고 불안해서 미움받지 않기 위해 온갖 노력을 하고 있다면 이제 모든 수고로움을 내려놓고 내 마음을 들여다보면 어떨. 우리가 간과했던 열 사람의 다독거림이 한 사람의 삿대질보다 더 소중하고 의미 있다.

CHAPTER 26

흠이 있는 바둑판은
오히려 가치 있다

　도자기를 굽는 장인들의 모습을 TV에서 몇 번 본 적이 있다. 그때마다 인상 깊었던 것은 뜨거운 가마에서 나온, 오랫동안 정성을 다해 만들어낸 도자기를 신중하게 살핀 뒤 과감하게 내던져 깨버리는 장면이었다. 깜짝 놀란 리포터가 "다 만들어놓은 도자기를 왜 던져 버리세요?"라고 물으면 장인은 침착한 표정으로 뭘 놀라냐는 듯이 말하고는 했다.

　"저건 흠이 있어서 판매할 수가 없어요. 아주 작은 흠이라도 있으면 안 됩니다."

　흠이 생긴 도자기는 깨뜨려도 된다. 물론 그동안의 시간과 노력이 아깝지만 언제든 다시 만들 기회가 있고, 지금 만들고 있는 다른 도자기들이 있으니까. 하지만 우리의 인생은 어떨까. 흠이 있다고 다시 시작할 수 없고, 다른 삶으로 대체할 수도 없다. 그렇기에 인생을 마주하는 우리의 태도가 무겁게 짓

눌리는 건 아닐까. 흠이 하나 없는 도자기처럼 매끈한 것이 인생의 정답 같아서 그렇게 살기 위해 아등바등하고 있는 건 아닐까.

하지만 흠이 결점이 아닌 장점이 되는 경우가 있다. 바둑판 중에서도 상품(上品) 중의 상품으로 쳐주는 것은 바로 흠이 있는 바둑판이다. 나무로 만드는 바둑판은 본래 갈라짐이 없어야 좋은 바둑판이다. 하지만 그중에 금이 간 바둑판이 만들어지는 경우가 있다. 그런 바둑판은 잘 덮어서 수년 동안 보관해두면 갈라진 틈이 점점 메워지기도 한다. 그러면 머리카락 같은 정도의 흔적이 남는 수준으로 달라붙게 되는 데 이를 '유착'이라고 한다. 이 유착 현상이 발생한 바둑판은 사용감이 좋아 바둑판 중에서도 으뜸으로 꼽힌다. 결점을 극복한 바둑판이, 처음부터 매끈하게 만들어진 다른 바둑판보다 더 대우받는 것이다.

상반된 도자기와 바둑판의 이야기를 들으며 어떤 생각이 드는가. 우리의 인생이 흠이 있다고, 설령 그것이 아주 작아도, 혹은 아주 크다는 이유로 깨져버려야 할 도자기 같다고 생각되는가. 아니면 오랜 시간이 걸리더라도 결점을 회복하는 과정을 거쳐 빛을 보게 되는 바둑판 같다고 여겨지는가.

내 인생도 깨질 위기에 놓인 도자기 같을 때가 있었고, 버려질 위기에 처한 바둑판 같을 때가 있었다. 아버지께서 일찌감치 암에 걸리셔서 몇 년 동안 투병의 시간을 가지셨던 것이다. 그때의 나는 아버지께서 암에 걸렸다는 사실을 아무에게도 말할 수 없었다. 나를 오랫동안 알고 지낸 친구에게도 비밀로 한 채 혼자 아픔을 견뎠다. 내가 아주 가까운 지인에게조차 아버지의 투병 생활을 말하지 못한 것은 남들과는 다른 이런 상황이 놀림거리가 되거나 미움을 받게 될까 두려웠기 때문이었다. 그때의 나는 아버지께서 친구들의 아버지처럼 돈을 벌지 못한다는 사실과 한참 건강할 나이에 병에 걸린 것이 결점 같았고, 이 사실을 알면 친구들이 나를 피할 거라고 생각했다. 이런 생각은 내가 18살이 되어 아버지께서 돌아가셨을 때까지 계속됐다.

돌이켜 생각해보면 어리석기 짝이 없는 이런 생각을 나는 왜 의심 한번 하지 않고, 떨쳐내지 못했을까. 그것은 바로 남들과 다른 것이 미움을 받는 원인이 될 것이라는 생각 때문이었다. 야생에서 태어난 어린 사자가 병약하면 도태되듯 나의 부족함과 단점이 미움을 받게 되거나 회피의 이유가 될 것이 두려워 말하지 못한 것이다. 그래서 수년 동안 이런 사실을 친구들에게 들킬 것이 두려워 전전긍긍하며 속앓이를 했다. 결국 아버지께서 돌아가셨을 때까지 나는 친구들에게 아버지의 임종 소식을 알리지 않고 부랴부랴 병원으로 향했다. 그리고 그날 저녁 담임선생님과 친한 친구 몇 명이 조문을 왔다. 친구들은 울어서 팅팅 부은 눈을 하고 들어와서는 내 손을 잡고 꺼이꺼이 울었다.

"진작 말하지. 왜 말 안 했어. 혼자 끙끙 앓느라 얼마나 힘들었을까. 우리한테만이라도 말해줬으면 덜 힘들었을 거 아냐. 미안해. 우리가 진작 알아봐 주지 못해서."

내 우려와는 다르게 친구들은 진심으로 나를 걱정하고 있었다. 친구들의 따뜻한 위로를 받으며 그제야 그동안의 내 생각이 잘못된 것이었음을 깨달았다. 나의 아픔을 위로받지 못하고, 혼자 앓느라 힘들었던 순간들은 그러지 않아도 됐을 시간들이었음도 알게 되었다. 뿐만 아니라 남들과 같지 않은 아버지의 상황이 내 부족함이나 단점이 아니라는 것, 오직 그것만으로 미움을 받을 이유가 되지 않는다는 것을 깨달은 순간이기도 했다.

나의 결핍은 내 잘못이 아니다. 내가 단점이라고 생각하는 것 역시 내 잘못이 아니며, 그것은 나의 흠이 아니다. 내게 극복하지 못할 단점이 있다 한들, 혹은 남들과 다른 문제가 있다 한들 그것이 내 인생에서 얼마나 큰 부분을 차지하는 것인지 한 번쯤은 솔직하게 생각해봤으면 좋겠다. 가난하다고, 공부를 못한다고, 학벌이 좋지 않다고, 예쁘지 않다고, 취업 준비생이라고, 실직을 했다고, 월급이 적다고, 결혼을 못 했다고, 아이를 못 낳는다고, 건강이 나쁘다고, 혹은 신체의 어딘가가 불편하다고 그것이 미움받을 이유가 될까? 그것이 내 인생을 가로막는 장해물이나 결점이 될까?

아니다. 나는 자신 있게 아니라고 말하고 싶다. 만약 이런 이유들로 미움을 받거나 소외를 당한다면 그것은 나를 미워하고 무시하는 사람들의 문제인 것이다. 그러니 미움받거나 무시당할 것이 두려워 스스로를 깎아내리지 말자. 드러내는 것을 두려워할 필요도 없다. 세상은 아직 살 만하고, 나를 둘러싼 사람들은 여전히 마음이 따뜻하며, 나를 사랑해주는 존재들이다. 그들은 내게 힘든 순간이 올 때 기꺼이 어깨를 내어주고, 손을 잡아주며 다시 일어설 용기를 줄 것이다.

내가 흠이라고 느끼는 것은 단지 그런 상황일 뿐이다. '단지 그런 상황'은 어떻게 바라보고 어떻게 대하느냐에 따라 얼마든지 변화될 가능성이 있다. 내가 커다란 흠으로 인식하면 발목을 잡는 어떤 것도 내가 사소하게 인식하면 아무것도 아닌 것이 된다. 만약 그럼에도 불구하고 지금 내게 있는 부족함과 단점이 여전히 나의 흠이라고 느껴진다면 이런 흠을 어떻게 대할지 생각해보면 좋겠다. 내 결점을, 쓸모없는데다 나를 괴롭히고 인생을 망치는 원인이라고 인식한다면 내던져져 곧 깨지고 말 도자기의 흠이겠지만, 어떤 식으로든 이겨낼 수 있고, 나를 단단하게 만들어줄, 그래서 인생을 더 의미 있고 빛나게 할 결점으로 인식하면 바둑판의 흠이 될 것이다.

흠을 어떻게 바라보느냐에 따라 결과가 달라진다. 내게 있는 흠을 어떻게 인식하고 그것을 어떻게 대할지는 내 선택이다. 부디 그 흠에 지지 않는 우리가 되기를. 이제는 흠을 마주하며 당당해지는 우리가 되기를.

CHAPTER 27

내게 좋은 것이 모두에게도 좋다

그래서 신데렐라는 왕자님과 오래오래 행복하게 살았답니다.

그래서 흥부는 부자가 되었답니다.

그래서 팥쥐와 팥쥐의 엄마는 벌을 받았답니다.

어린 시절 나의 친구이자 선생님이었던 책의 결말은 언제나 이런 식이었다. 권선징악(勸善懲惡), 사필귀정(事必歸正). 나는 한 번도 이런 메시지에 의문을 가진 적이 없었다. 책에서 말하는 것이니 틀릴 리 없었고, 그러니 무조건 수용할 뿐이었다. 그래서 주인공들을 괴롭히는 또 다른 주인공의 마음을 헤아려보지도 않았다. 남을 돕지 않고, 오히려 구박하는 나쁜 사람들이었으니 그들의 행동을 이해할 필요를 느끼지 못한 것이다. 그러니 어린 나는 구박과 시련을 이겨내고 결국 복을 받아 행복하게 사는 신데렐라, 백설공주, 콩쥐, 흥부의 이야기를 마음에 새기며 나 스스로 벌을 받는 계모가, 혹은 놀부가 되지 않으려 노력했다. 아니, 어쩌면 그런 마음을 먹었다기보다, 나도 모르는 사이 동화 속 메시지에 세뇌되어 착하게 행동하는 방식으로 나를 통제했다는 게 더 맞을지도 모르겠다.

어렸을 때부터 읽은 책이 그렇게 말했고, 착한 사람들이 복 받는다고 교육을 받았으니 착하게 사는 것이 정답인 줄로만 알았다. 그렇게 오랫동안, 나는 착한 아이로 살아왔다. 버스의 빈 좌석은 어르신께 양보하고, 사람들과 문제를 일으키지 않기 위해 참는 쪽을 선택했다. 매사에 예의 바르게 행동하고, 무엇이든 열심히 했으며, 어려운 상황에 처해 있는 사람들을 도와주는 것을 당연하게 여겼다.

하지만 그날따라 내가 유난히 피곤하거나 몸이 아픈 날임에도 자리를 양보하면 어떤 기분이 들까. 상대방의 생각이 틀렸거나 동의할 수 없는데 반대하지 못하는 상황이라면? 오해하고 있는 상대에게 해명을 하고 싶은데 말대답처럼 보일까 봐 혹은 연장자라서 내 생각을 말하지 못하고 있다면? 항상 내 생각과 기호를 말하지 못하고 살아야 한다면? 하다못해 점심 메뉴를 고르는 사소한 일까지도 내 의견을 말하지 못해 내가 싫어하는 음식을 좋아하는 친구 때문에 매번 만날 때마다 억지로 먹어야 한다면? 이런 상황들이 반복적으로 발생하면 어떻게 될까? 예의, 선(善), 사회화라는 미명 아래 '이 정도

쯤이야' 하고 대수롭지 않게 여겼던 것들은 정말 대수롭지 않은 것들이었을까?

물론 인생을 무소의 뿔처럼 혼자서 갈 것이 아니라면 이런 것들은 세상을 원만하게 살아가기 위해서는 꼭 필요한 것들이다. 하지만 제아무리 좋은 것이라고 할지라도 그것이 지나치면 마냥 좋은 것이라고 할 수 없다. 선이라고 믿는 대로 나를 통제하고, 점점 상대방의 눈치를 보며, 조금이라도 이상한 낌새가 있으면 그것이 자신이 잘못해서 그런 것이라며 자책한다. 내가 원하는 것을 말하면 이기적이라는 생각에 자신에게 유리한 것을 얻어내지 못하고, 내 생각과 감정을 드러내지 못하니 점점 말수가 줄어들고 내성적인 성격이 되거나 우울한 감정에 휩싸이기도 한다. 자신의 상황이 여의치 않음에도 부탁을 받으면 거절을 하지 못하고, 자신의 노력만큼 배려받지 못했다는 생각에 상처받으면서 이를 말하지 못하고 끙끙 앓는 경우도 생긴다. 착하게 사는 것은 물론 좋은 것이고 필요한 것이지만, 지나친 착함은 때로 이 같은 부작용을 가져온다.

착한 사람이 되고 싶었던 나는 유난히 부탁에 취약했다. 그래서 누군가의 어려움에는 언제나 도움의 손길을 내밀었다. 상황이 여의치 않아 도움을 주지 못하는 날이면 미안함과 죄책감에 사로잡혀 괴로워하고 슬퍼하기까지 했다. 하지만 타인의 어려움에는 적극적으로 나서면서도 정작 내가 어려울 때는 내 손을 잡아달라고 부탁하지 못했다. 내가 지금 힘들어서 위로가 필요하다고, 도움이 필요하다고 말하는 것이 상대방에게 부담을 주고, 괴롭히는 거라고 생각하며 눈치를 보았기 때문이다. 하지만 내게 찾아온 시련의 시간이 길어지고 외로움이 끝나지 않아 점점 더 지쳐버렸을 때, 내가 행한 선만큼 나를 배려해주지 않는 사람들에게 서운함이 들었다. 그러자 과거에 대한 회의가 밀려오고, 인간관계에 대한 회피마저 찾아왔다.

'나는 언제나 노력하고 배려했는데, 정작 내가 힘들 때는 아무도 나를 위하지 않는구나. 그동안 나는 뭘 하며 살았던 거지?'

우리가 진리라고 생각했던 선행(善行)은 누구에게 선(善)한 것일까? 내 선행으로 타인이 행복해지는 것은 좋은 일이지만, 그로 인해 내가 행복하지 않다면, 내 행복의 상당 부분을 희생하면서까지 착하게 살아야 할 이유가 있을까? 착한 사람, 나쁜 사람이라는 것은 누가 만들어낸 기준일까. 어떤 것이 선이고, 악일까? 그것들을 절대화할 수 있을까? 그리고 내가 행한 것이 선이라면 그 선은 누구에게 선한 것일까?

나의 선이 타인에게는 악이 될 수 있고, 선의 기준치에 미달한 것 같은 어떤 행동이 누군가에게는 과할 정도의 선으로 다가올 수도 있다. 무엇보다 가장 큰 문제는 내가 행한 선이 온전히 나를 이롭게 하지 않는 경우도 있다는 것이다. 어쩌면 그것은 그저 내가 죄책감을 느끼지 않게 하는 것이었을 뿐, 나를 행복하게 만들거나 나를 위한 것은 아닐 수 있다.

이제 스스로 질문을 던져보자. 그동안의 나는 상대방을 배려하고 아꼈던 만큼 나를 배려하고 아끼며 사랑해주었는가. 내가 아프면 그날은 자리를 양보하지 않아도 되고, 내 생각이 다르면 상대가 연장자라도 내 생각을 말할 수 있다. 먹기 싫은 것, 하기 싫은 것, 혹은 원하는 것을 솔직하게 말해도 나쁜 사람이 아니다. 내 감정, 내 생각을 사실대로 말한다고 해서 착하지 않은 것은 아니다. 그러므로 내가 괴롭고 힘들다면 무리해서 착한 사람이 될 필요는 없다. 그것은 내 입장의 선이 아니기 때문이다. 내가 만들어낸, 나를 위한, 나를 행복하게 만들어주는 기준에 맞춰 살자. 모든 생각과 행동에는 나를 우선으로 두고, 나를 위해 행동하게 되면 내가 행복할 수 있다. 타인을 배려하는 것만큼 내 마음도 배려하는 것이 진정한 선(善)이다.

CHAPTER 28

나는 이제 솔직해질 거야

　'모난 돌이 정 맞는다'라는 말이 있다. 어떤 것이 모난 것인 지도 잘 몰랐을 때 나는 섣불리 모난 것에 대한 정의를 내렸 다. 남들과 다르게 생각하고 행동하는 것을 모난 것이라고 여 긴 것이다. 튀고 싶지 않아서, 모난 돌로 보이면 정을 맞을까 봐 두려워 동조 현상이 일어난다. 나만 다른 생각을 하면, 혹 은 내 생각을 강력하게 주장하면 부적응자처럼 보이고 그래 서 미움받거나 소외될까 봐 걱정이 된다. 이런 걱정은 스스로 를 검열하게 만들고 점점 자신을 드러내는 것을 막는다. 그러 다 보면 남들과 같아 보이기 위해 내 생각과 감정을 드러내길 꺼리고 항상 대세에 따라 나를 맞춘다. 마치 유행하는 옷을 따라 입듯 다른 사람들이 하는 것처럼 행동하고, 남들과 다른 내 생각을 드러내지 못하고, 이런 차이로 인해 발생하는 내 감정을 말하지 못한다.

좋으면 좋다고, 싫으면 싫다고, 아닌 것은 아니라고, 잘한 것을 잘했다고 말해야 한다.
내가 원하지 않은 것은 그만했으면 좋겠다고 정중히 요청해야 한다.
솔직하게 말하는 것은 어려운 일이 아니다.

나 역시 미움받는 것이 두려워서 나를 드러내지 못하는 사람 중 하나였다. 식사 메뉴를 고를 때도 아무거나 너희들이 먹고 싶은 거 먹자고 말했고, 사람들과 의견이 갈려도 딱히 내 주장을 말하지 않았다. 지나치게 나를 드러내는 것은 유별나 보였고, 드러내지 않고 숨기는 것을 미덕이라고 생각했던 탓에 남들과 같은 것이 보통은 된다며 나를 통제했다. 마치 유니폼을 입은 것처럼 똑같은 생각, 똑같은 행동, 똑같은 감정을 느끼는 내가 당연한 것처럼 보이기까지 했다. 그래서 남들은 그렇게 느끼지 않은 것을 언짢게 느낄 때, 남들은 당연하다고 생각하는 것이 사실은 오해였을 때, 혹은 궁금증이 있는 상황에서도 침묵하고는 했다. 하지만 하체비만형인 나에게는 스키니진보다 플레어 스커트가 더 어울릴 수 있다. 그럼에도 불구하고 동질화를 추구하는 경향은 플레어 스커트가 아닌 스키니진을 선택했다. 꽉 쪼이고 답답하지만 남들과 같은 모양새를 하고 있으니 오히려 마음은 편안했다. 비록 그것이 진정한 편안함인지는 보장할 수 없었지만.

사실 몇 번 나를 드러냈던 경험은 나를 더욱 침묵하게 만드는 요인이기도 했다. 용기를 내어 내 생각을 솔직하게 말했지만, 상대방이 별 반응을 보이지 않는다거나 그런 나를 예민한 사람이라고 뒷담화 하는 것을 목격하면서 솔직함은 오히려 해가 된다는 섣부른 결론을 내렸던 것이다. 한때는 이런 이유로 무리에서 소외된 적도 있었으니 말하는 것이 불러오는 파장이 침묵하는 것보다 불편하고 불리해서 '좋은 게 좋은 것'이라고 자위하며 침묵하기에 이르렀다. 그러나 아버지를 아버지라 부르지 못하는 홍길동처럼 억눌러 놓은 생각과 감정은 사라지지 않고, 언젠가는 표출되고 만다. 시간이 흐르면 잊힐 줄 알았던 그때의 기억은 시간이 흘러도 잊히지 않고, 틈만 나면 떠오른다. 해결되지 않고 외면했던 찝찝함이 슬슬 고개를 든다. 내 생각을 사실대로 말하지 못한 것이 왠지 분하고, 상대에게 오해받았다는 사실에 억울하다. '나는 왜 앞에서 말하지 못하고 혼자 뒷북이나 치고 있지? 정말 소심하구나' 말하지 못한 내 자신이 한심하게 느껴지기까지 하다. 미움받는 것에 대한 불안을 떨쳐내기 위해 눈치 보며 행동한 것이 오히려 내 감정을 망가뜨리고 있는 것이다.

한번은 쌓인 일들을 해결하느라 밤새 일하는 나를 보며 친구가 말했다.

"너는 일 중독자인 것 같아. 어차피 네 일도 아닌데 왜 그렇게 혼자 떠맡아서 하려고 해? 일이랑 떨어져서 너만의 시간을 가지고 네 자신을 돌보는 것이 좋을 것 같아."

지금 생각해보면 친구의 조언이 틀린 말은 아니었지만, 그때의 나는 일을 해냈을 때 얻는 성취감에 커다란 행복을 느끼고 있었다. 내 마음이 의욕으로 가득 차 있었고, 무리하고 있다는 생각을 못 할 정도로 몸 상태도 좋았다. 오히려 슬슬 끝이 보이는 이 일을 무사히 해결해내고 나만의 보상을 해주려는 생각에 들떠있던 참이었다. 그러나 친구의 조언은 이런 내 마음에 찬물을 끼얹어버렸고, 나는 친구의 조언이 불쾌하게 느껴졌다. 나에 대해 잘 알지도 못하면서 그런 말을 하는 것이 무례하게 느껴지기까지 했다. 하지만 이 생각과 감정을 솔직하게 말하지 못했다. 나를 걱정해서 하는 말이었을 테니 그 마음을 배려해 괜찮은 척했다. 그런데 집으로 돌아오고 나서도 친구의 말이 마음에 걸렸다. '내가 나를 착각하고 있는 건가? 이렇게 사는 게 틀린 건가?'라는 생각에 혼란을 느꼈고, 그 혼란의 답을 찾아내는 데에 상당한 시간이 걸린 경험이 있다.

차라리 그때 친구의 의도가 무엇인지, 왜 그렇게 생각했는지 정확하게 물었다면 나의 찝찝한 마음이 오래가지는 않았을 것이다. 내 상황을 조금 더 자세히 설명하고, 내 계획과 현재의 감정, 몸 상태를 말했다면 친구도 자신의 조언이 섣불렀음을 인정했을 것이다. 어쩌면 내 상황에 더 맞는 조언을 해주었을지도 모른다. 하지만 나는 침묵을 선택했고, 그 결과 한동안 친구에 대한 마음의 앙금을 간직한 채 친구를 만났다. 그때의 만남의 시간은 어찌나 어색하던지. 내 감정을 불필요하게 낭비하지 않으려면 이런 마음의 앙금을 해소해야 한다. 앙금을 해소하는 방법은 아주 간단하다. 바로 솔직하게 말하는 것이다. 좋으면 좋다고, 싫으면 싫다고, 아닌 것은 아니라고, 잘한 것은 잘했다고 말해야 한다. 내가 원하지 않는 것은 그만했으면 좋겠다고 정중히 요청해야 한다. 솔직하게 말하는 것은 어려운 일이 아니다. 예를 들어, 조용하게 대화를 나누고 싶은데 음악 소리가 너무 커서 방해가 된다면 "괜찮으시다면 음악 소리 좀 줄여주시겠어요?"라고 말하면 된다. 참고 참다가 짜증이 폭발해서 혹은 기분 나쁘다는 듯 굳은 표정을 지으며 퉁명스러운 말투로 건넨 말이 아니라면 상대방 역시 흔쾌히 당신의 요구를 받아들일 것이다.

미움받을 것이 두려워 내 진심을 숨기지 말자. 있는 그대로의 내 마음을 사실대로 말하자. 말하면 괜찮아지는 경험, 말해도 별것 아니라는 경험, 말해도 미움받지 않는다는 경험을 조금씩 쌓아가면 솔직하게 말하는 것이 어렵고 불편한 것이 아님을, 그리고 이로 인해 평온하게 유지되는 내 감정을 알아차리게 될 것이다.

혼자 있는 시간을
견딜 수 없어

나는 언제나 혼자라는 생각에 외로웠다.
하지만 엄밀히 말하면 내가 외톨이라고 생각했을 때에도 나는 혼자가 아니었다.
내 주변의 지인과 가족은 여전히 나를 위하고 사랑해주고 있었으니까.

CHAPTER 29

지독한 외로움은 어디서 왔을까

혼자 있는 시간에는 해가 내려앉아 사방이 흐릿해지는 어둠 속에서도 불을 켜지 않은 채 멍하니 앉아있었다. 울리지 않는 휴대전화를 들었다 놨다 하며 쳐다보길 수십 번. 어디에 전화를 걸어볼까 주소록을 뒤져봐도 누구 하나 마땅한 사람이 없었다. 그래서 다시 웅크리고 앉아 반짝이는 불빛들을 멍하니 바라보고 있었다.

어느 날 문득 정신을 차렸을 때, 나는 원인을 알 수 없는 외로움과 우울함에 빠져 있었다. 가끔 외롭다고 느낀 적은 있었지만 이번에는 그동안의 감정과는 다른 느낌이었다. '오늘은 혼자 있기 싫으니까 친구를 만나야겠다' 이런 생각이 든 날은 그렇게 몇 시간을 수다 떨고, 즐거운 시간을 보내다 헤어지면 외로움이 사라지고는 했었는데, 이번에는 외로움을 인식하기도 전에 외로움에 흠뻑 빠져 있는 나를 발견하게 된 것이다. 누구와 말을 하고 싶지 않았고, 누구와도 함께 있고 싶지 않았는데, 지금 이 순간 홀로 있다는 느낌과 속마음을 터놓고 말할 곳이 없다는 생각에 오히려 외로움이 짙어졌다.

'이 신종(?) 외로움은 어디서 온 것일까. 언제부터 시작된 것일까. 왜 생긴 것일까. 무엇을 깨닫게 하려고 나를 굳이 찾아온 것일까.'

그때는 외로움에 흠뻑 빠져 이런 것들을 생각하지 못한 채 외로움이라는 감정이 사라지기만을 기다렸다. 하지만 그럴수록 외로움은 나를 더 강력하게 옭아매기 위해 들러붙었다. 내게 지독한 외로움을 가져다준 것은 다름 아닌 결핍감이었다. 매일 반복되는 장거리 운전과 바르지 못한 생활습관으로 건강을 해쳤고, 잦은 두통과 함께 목 디스크가 터진 후유증이 시도 때도 없이 찾아오면서 건강에 대한 결핍이 생겼다. 이직하기 위해 공부했던 공무원 시험에 떨어진 것도 결핍 중 하나였다. 그때까지만 해도 나는, 인생이라는 것은 내가 어찌해볼 수 있을 것이라는 자신감에 차 있었다. 남들보다 빨리 취업했고, 이름만 들어도 아는 회사로 옮기기도 했으며 일을 하면서도 실적이 좋아 매년 좋은 업무 평가를 받았던 터라 나의 자신감은 하늘을 찔렀다. 그런데 공무원 시험에 떨어지고, 다른 회사로의 이직도 실패하자 자신감과 자존감이 떨어지기 시작했다. 하늘 높은 줄 모르고 치솟았으니 떨어지는 동안에는 속도가 붙어 남들보다 더 빠르게 추락하는 느낌이었다.

　이렇게 찾아온 결핍감을 채우기 위해 나는 관계에 연연하기 시작했다. 건강이 예전 같지 않아도, 내가 시험에 떨어져도, 이직에 실패한 무능력자여도 여전히 나를 사랑해주는 사람이 있음을 알고 싶었고, 여전히 나는 사랑스런 존재임을 확인받고 싶었다. 친구들을 만나 수다를 떨고, 회사 동료와 전화 통화를 하며 푸념을 들어주고 같이 분노하면 외롭다는 생각이 사라졌고, 오히려 누군가에게 도움을 줄 수 있다는 사실에 내 존재 가치를 확인받는 기분도 들었다. 이런 생각은 관계에 대한 집착을 강화했다. 만남의 횟수가 잦아지고, 연락하는 시간은 점점 길어졌다. 하지만 나는 그때까지만 해도 이런 변화가 내게 어떤 의미인지 알지 못했다. 그것을 인식한 것은 내가 남편에게 대하는 태도가 달라졌음을 확인한 후였다.

　나는 남편의 야근과 잦은 회식에 관대한 사람이었다. 어느 누가 야근을 원하겠으며 어느 누가 불편한 분위기에서 급(急)술에 말술을 마시는 회식을 좋아하겠는가. 사회생활하느라 고생하는 남편의 어쩔 수 없는 상황을 나도 겪어봐서 알고 있었기에 남편의 귀가가 늦어지는 날이면 오히려 걱정하고 다독였었다. 그런데 관계에 대한 집착이 점점 강해지자 남편의 이런 상황을 더는 받아들일 수가 없었다. 남편의 귀가가 늦어지면 화가 나고 불안했으며, 관계가 틀어질 것이라는 두려움이 밀려왔다. '혹시 내가 싫어졌나? 바람을 피우는 건가?' 이런 근거 없는 의구심이 마음을 괴롭혔다. 그럴수록 내 존재의 의미를 확인받고 싶은 욕심에 남편을 점점 구속했다. 회식을 하면 짜증이 났고, 야근을 하면 화가 났다. 원망했던 마음이 가라앉고 나면 별일 아닌 것에 왜 화를 내고 있는가 하는 자책감에 우울해졌다. 이런 유쾌하지 않은 경험이 반복될수록 지치는 것은 오히려 나였다. 분노와 자책이 반복되자 인간관계와 삶에 대한 회의가 밀려온 것이다. 그래서 결국 나는 세상과 사람과 단절된 채 홀로 있는 시간을 택했다.

'나는 쓸모없는 사람이야. 사랑받을 자격도 없는 사람이야. 나는 내가 너무 밉고 싫어.'

이런 생각에 휩싸인 채 타인의 사소한 행동을 피해망상에 걸린 사람처럼 과대 해석하고 오해했다. 이런 부정적인 확증 편향은 대인관계를 더욱 외면하게 할 뿐이었다. 나는 언제나 혼자라는 생각에 외로웠다. 그토록 매달렸던 가족과 친구가 있어도 외로웠다. 세상 어디에도 내 마음을 알아주는 사람이 없어 보였고, 나만 비극적인 삶을 사는 것 같았고, 나만 실패한 삶을 이어가고 있다는 생각에 외톨이처럼 느껴졌다.

결국 결핍으로 인해 시작된 지독한 외로움으로부터 벗어나기 위해 시도한 집착들과 변화는 해결책이 되지 못했다. 어떤 것도 결핍을 채워주지 못했으니까. 하지만 엄밀히 말하면 내가 외톨이라고 생각했을 때에도 나는 혼자가 아니었다. 내 주변의 지인과 가족은 여전히 나를 위하고 사랑해주고 있었으니까. 오직 자신을 외면했던 마음이 나를 망망대해에 홀로 떠 있는 고립된 섬처럼 만들어버린 것이었다. 나의 외로움과 고립은 사람들이 나를 사랑해주지 않아서 생긴 것이 아니었다. 그들이 내게 사랑과 관심을 주고, 내 상황을 이해해주며 위로해도, 스스로가 깎아내리며 채워진 결핍감을 다시 비워내고 있었기 때문에 발생한 것이었다. 스스로 실패라고 규정한 경험들에서 자유로워지지 못했으니 자책이 멈추지 않았고, 나를 향한 미움이 멈추지 않으니 타인으로부터 받은 사랑은 무용지물이었다.

내 외로움의 원인이었던 결핍을 타인의 사랑과 관심으로 채울 수 있었을까. 아니, 아주 많은 사랑과 관심을 들이붓는다고 해도 결핍은 채워지지 않았을 것이다. 겉으로는 사랑을 갈망했지만, 내 마음속 진심은 그들의 사랑을 믿지 못했으니까. 무엇보다 스스로 사랑하지 않고 인정해주지 않은 내 마음을 바로잡지 않으면 결핍은 여전히 나를 괴롭힐 것이 분명했다. 그제야 나는 내 결핍을 채워줄 것이 무엇인지를 알게 되었다.

CHAPTER 30

외로움을 해결해줄 수
있는 사람은 자신뿐이다

바쁜 일상을 마치고 돌아왔을 때 제일 먼저 무엇을 할까. 어떤 것을 제일 많이 하게 될까. 홀로 있는 시간이 주어진다면 주로 무엇을 할까. 가령 혼자 밥을 먹어야 한다면 어떻게 행동할까. 혹시 습관처럼 휴대전화를 들어 인터넷에 접속하거나 SNS 속 세상을 유랑하거나 게임 속 캐릭터에 몰입하여 가상세계를 구축하고 있지는 않을까. 인터넷에 올라온 동영상과 유머 글을 읽으며 그 소소한 재미에 시간 가는 줄 모르고 휴대전화를 붙잡고 있고, 게임에 빠지면 해야 할 일을 뒤로 미루거나 잠을 줄이면서까지 게임을 할 수도 있다.

이것들은 모두 외로움에 빠졌을 때 주로 했던 것들이다. 통화를 하면서도 습관적으로 한쪽 손에 든 리모컨으로 채널을 돌렸고, SNS 속 일면식도 없는 인물의 일상을 염탐했으며 고요함을 깨트리고자 유튜브나 텔레비전을 켜놓기도 했다. 외로운 감정을 달래기 위한 무엇과 시선을 전환할 곳이 필요했고, 세상과 연결되어 있다는 느낌을 받고 싶다는 생각에 디지털 기기에 빠져들었다. 그런 면에서 SNS와 게임은 쉽게 끊을 수 없는 강한 중독성을 가지고 있었다.

캐릭터를 키우기 위해 현질(게임 속 캐릭터의 능력치를 올릴 수 있는 아이템을 현금으로 구매하는 것)을 하면서 날이 새도록 승부욕을 발휘했고, 틈만 나면 혹은 틈이 없으면 없는 시간을 쪼개서, 해야 할 일을 미루면서까지 게임에 빠졌다. SNS도 마찬가지였다. SNS 계정 주인들의 화려한 삶을 보면서 대리만족을 느꼈고, 경험해보지 못한 새로운 것, 신비한 것, 좋아 보이는 것의 화려함에 빠져들었다.

만약 과거의 내 모습에서 당신의 모습이 겹쳐 보인다면 한 번쯤 '내가 왜 그렇게 했는지'에 대해 생각해보면 좋겠다. 내 경험으로 비춰보면 내게 즐거움과 위로를 주었다고 생각했던 것들이 실제로는 그러하지 않았고, 오로지 현실을 외면하기 위한 수단에 불과했기 때문이다. 공교롭게도 내가 외면해버린, 마음에 들지 않는 현실은 그런 것들을 한다고 해서 하나도 나아지지 않고 여전히 그대로 남아있었다.

내가 게임과 SNS에 빠져들수록 그것들을 하지 못할 때는 불안함과 짜증을 느꼈다. 아니, 조금 더 정확히 말하면 그것들은 내게 잠깐의 즐거움과 긴 고통을 선물했다. '생각한들 고민이 해결되는 것도 아니고! 기분전환이나 하지 뭐'라는 내 생각과는 달리 한바탕 게임이든 SNS든 그것들을 하고 나면 다시 돌아온 현실은 여전히 공허했고, 외로움은 내 곁을 떠나지 않고 그대로 머물러 있었다. 거기에 플러스알파로 문제가 생겼다. SNS 속 화려하게 살아가는 사람들의 흔적들을 보면 나만 실패자 같았고, 나만 힘들어 보였고, 나만 혼자 있는 것 같았다. 행복해 보이는 그들의 삶을 엿보고 있노라면 어디 하나 내세울 것 없는 갑남을녀(甲男乙女)인 내 모습이 불만족스러워서 괴로웠다. 그래서 돈이 생기면 그들처럼 명품백을 사고 분위기 좋은 곳으로 놀러 가면서 나의 삶도 초라하지 않음을 과시하고 싶었다. 하지만 내가 보는 SNS 속 화려한 타인은 한두 명이 아니니 내가 아무리 따라가려 해도 따라갈 수 있는 수준이 아니었다. 나는 하루 한 명씩 1년에 365명을 제껴야 이기는 게임을 하고 있었던 것이다.

나의 가장 큰 착각은 SNS 속 그들의 하루는 매일 만족스럽고 행복할 거라고 생각한 것이었다. 하지만 눈에 보이는 것이 전부는 아닐 것이다. 어쩌면 그들 역시 자신의 일상 중 좋은 것만 보여주고 있는 것은 아니었을까. 일주일 중 며칠 행복하고 잘나가 보이는 때의 시간을 박제해놓은 것을 본 나는 '그들은 매일 이렇게 사는구나'라는 착각을 했고, 그들처럼 행복하게 살기 위해 그들의 삶을 따라 했다. 점점 더 물건에 집착하고, 게임과 SNS에 집착하고, 대인관계에 집착했다. 뱁새가 황새를 쫓아가듯 그렇게 가랑이를 잔뜩 벌리며 남을 쫓아가는 것에 몰두했다. 하지만 그들을 쫓아가고 싶은 욕망은 채워질 듯 채워지지 않는 욕구이자 잘못된 믿음이었다. 이런 허상과 착각으로는 나의 공허함도, 외로움도 해결할 수 없었다. 그것은 근본적인 해결방법이 아니었으니까.

공허함과 외로움을 해결하는 방법은 생각보다 단순했다. 상처가 곪으면 그 부위를 도려내듯, 내게 외로움을 주는 직접적인 원인을 찾아 해결해야 한다. 그것이 옳은 처방이다. 행복해 보이는 삶을 살기 위해 돈을 쓸 필요도, 시간을 많이 들일 필요도, 대인관계를 이어가느라 에너지를 들일 필요도 없다. 아주 단순하게, 원점으로 돌아가서 생각해야 한다. 타인에게서 받은 사랑으로 해결하고 싶었지만 해결되지 않는 나의 외로움, 게임과 SNS 같은 즐거운 것들로 시선을 분산하고 잊길 바랐지만 잊히지 않고 오히려 더 큰 박탈감에 커지기만 한 나의 외로움은 어디서부터 온 것일까.

그 무렵 나는 내가 실패라고 규정해 놓은 두 가지 사건을 해결하지 못한 채 외면하고 있었다. 그것은 바로 건강 문제와 이직 실패였다. 건강이 나빠진 이후 예전처럼 자유로운 생활을 하지 못할 것이라는 두려움에 감정이 요동쳤고, 이직에 실패한 이후에는 암담한 현재의 상황에서 벗어나지 못한다는 패배감과 30대의 창창한 나이에 패배자가 됐다는 생각에 괴로웠다. 다들 앞서가는데 나만 저 멀리 뒤처진 채 홀로 놓인 모습이 상상되어 외로움은 몸집을 부풀렸다.

이 지독한 외로움을 어떻게 끊어낼 수 있었을까. 그것은 외로움을 만들어낸 장본인, 바로 나 자신의 노력 덕분이었다. 뒤에서 더 자세히 이야기하겠지만, 나는 아주 철저하게 나에게 초점을 맞추는 방법으로 외로움을 이겨냈다. 외로움을 가져온 내 생각이 잘못됐음을 인정하고, 패배의식을 버리는 것부터 시작된 외로움과의 싸움은, 내가 중심이 되는 인생을 살기 시작하면서 내게 유리한 쪽으로 전세가 역전되기 시작했다. 이번엔 완벽한 나의 승리였다. 물론 앞으로도 외로움은 계속 나를 찾아올 것이다. 하지만 지금은 예전처럼 지독한 외로움에 빠져 스스로를 원망하거나 비난하지 않을 것이라고 확신한다. 나를 외로움이라는 구렁텅이에서 구해줄 방법을 확실히 알고 있기 때문이다. 우선 하나만 기억하자. 외로움으로 인한 공허함은 타인이 아닌, 스스로 채울 수 있다.

CHAPTER 31

외로움에도 반전 매력이 있다

외로움에도 반전 매력이 있다. 때로는 이 매력에 빠져보는 것도 좋다. 외로움의 반전 매력에 빠지라니. 외로움에 허덕이며 인생의 나락까지 떨어져 본 사람으로서 이런 말을 자신 있게 할 수 있을 줄은 꿈에도 몰랐다. 누구에게도 말하지 못했고, 그래서 이 글을 읽는 가족들이나 지인들은 다소 충격에 빠질 수 있겠지만, 고백하자면 나는 외로움과 우울증에 파묻혀 허덕이고 있었고, 이대로 잠든 듯이 생을 마감하기를 수없이 빌었으며, 내 삶을 어떻게 끝내는 게 좋을지 고민했다. 그런데 다행스럽게도 그 시간 끝에서 외로움이 마냥 고통스러운 것이 아님을 깨달았다.

살면서 외롭지 않은 사람들이 몇이나 있을까. 아니, 있기는 한 걸까? 외로움을 느끼지 않은 사람도, 외로움을 느끼지 않을 사람도 없을 것이다. 여느 감정이 다 그러하듯 외로움 역시 피할 수 없는 감정이다. 겉으로는 외로워 보이지 않는 사람도 사실 외로움을 느낀다. 화려한 삶을 사는 사람들, 많은 사람의 사랑을 받는 유명 인사들의 비극적인 선택을 종종 뉴스를 통해 접하고 있지 않은가. 안타깝게도 대한민국은 OECD 국가 중 자살률이 상위권에 있는 나라이다. 한때 극단적인 생각을 해 본 나였기에 이런 소식을 접하면 마음이 너무나 아프다. 아프다는 말로 힘든 삶을 위로하는 것밖에는 할 수 있는 것이 없는 나 자신이 바보 같아 보일 정도로 마음이 아프다. 그래서 나는 당신도 외로움에서 눈을 돌릴 수 있는 자신만의 방법을 찾아가길 희망한다. 더 이상 외로움이 우리의 삶을 앗아가지 않기를 바라기 때문이다.

정말 아이러니하게도, 내가 깊은 외로움의 늪에서 헤쳐 나올 수 있었던 것은 이대로 죽고 싶지 않다는 작은 의지 덕분이었다. 돌아보면 매 순간 내 인생을 선택한 것은 내 의지였지만, 그 선택을 하게 된 것에는 기준이 있었다. 그것은 내 마음의 소리가 아닌 세상의 소리였다. 그래서 내가 하고 싶은 것 하나 마음껏 하지 못하고 세상에 등 떠밀려 살다가 죽는다고 생각하니 그것이 왠지 억울하게 느껴졌다. 어차피 한 번 사는 인생, 이렇게 살다 죽는다면 죽어서도 원한이 생길 것 같았다.

'그래. 죽을 때 죽더라도 일단 뭐든 해보자. 마지막으로 내가 이것만은 하지 않으면 억울해서 눈도 못 감겠다는 일을 해 보자. 그럼에도 삶에 미련이 생기지 않는다면, 그러면 그때 다시 결정하면 되지.'

내 삶에 미련과 측은지심이 생기자 오기인지 의욕인지 희망인지 모를 생각이 자라기 시작했다.

어느 날, 지인에게서 전화가 걸려 왔다. 자신이 책 쓰기 특강에 참석하려고 하는데 시간이 되면 함께 하겠냐는 말에 나는 선뜻 그러겠노라고 했다. 어려서부터 글 쓰는 것을 좋아했고, 글 쓰는 것을 업으로 삼고 싶었던 나였다. 비록 전혀 다른 업종에서 일하면서 글과는 거리가 멀어졌지만, 죽기 전에 내 이름으로 된 책 한 권 내는 것이 꿈이었기에 부푼 마음으로 특강에 참석했다. 그리고 그렇게 특강을 들으며 내 삶이 점점 움직이기 시작했다. 오랫동안 외로움과 우울의 늪에 빠져 있던 내가 마른 양지로 나오게 된 것이다.

글쓰기는 내게 많은 변화를 가져다줬다. 먼저 그 누구에게도 말하지 못했던 현재의 내 모습을 허심탄회하게 털어놓을 수 있었다. 잘살고 있는 것처럼 보이고 싶은 자존심에 남들에게 말하지 못했던 나의 시간을 있는 그대로 풀어내니 마음이 한결 가벼워졌다. 그러자 용기가 생겼다. 오랫동안 나를 괴롭힌 습관과 생각, 행동의 원인을 찾기 시작한 것이다. 과거로, 과거로, 시간의 물레를 돌리며 기억을 더듬었다. 그렇게 다시 나를 괴롭혔던 사건들과 마주했다. 물론 제대로 상처를 치료하지 못하고 괜찮은 척하며 덮어놓기 바빴던 과거의 사건들을 다시 마주하는 것이 쉬운 일은 아니었다. 그때의 기억이 떠올라 화가 났고, 억울함이 밀려왔고, 어디에 이렇게 많은 눈물이 숨어 있을까 싶을 정도로 꺼이꺼이 울었다. 그렇게 울다가 글 쓰다가를 반복하는 동안 감정이 표출되었고, 내 마음속 깊은 곳에 묻어두었던 묵은 감정들이 밖으로 드러나며 해소되기 시작했다.

억눌러뒀던 기억을 풀어내고, 감정의 무게를 덜어낼수록 나를 괴롭혔던 외로움이 옅어졌고, 점점 더 용기가 생겼다. 상처를 드러내는 것이 내게 좋은 선물을 가져다줌을 알게 되자 '못할 것이 없겠다'라는 생각이 들었다. 남들에게 보이고 싶지 않았던 과거를 드러낼 수 있는 용기가 생겼고, 그 용기에 힘입어 또다시 글을 쓰며 내 과거의 상처들을 치유했다. 마치 정신과 의사 선생님 앞에서 내 이야기를 털어놓는 것처럼, 부지런히 손을 움직이며 하얀 종이가 시커메지도록 내 이야기를 쏟아냈다. 그리고 나니 내게 더 큰 변화가 찾아왔다. 혼자 있는 것이 싫어서 남편에게 의존하고 자꾸만 사랑을 확인했던 내 모습이 어느 순간 사라진 것이다. 주말이면 함께 시간을 보내자고 강아지처럼 조르는 일도 줄었다. 글을 쓰는 것이 행복해서 외로움을 느낄 틈이 없었다. 글을 잘 쓰고 싶어서

책을 읽고, 영화를 보고, 공부하느라 하루 24시간이 부족하게 느껴질 정도로 바빴으니 외로움이 발을 디디지 못했다.

글쓰기를 시작하면서 나는 외로움을 잊었다. 아니, 정확하게 말하면 글을 쓰는 시간에도 나는 여전히 혼자였고 그 시간은 여전히 외로웠지만, 더는 그것을 나를 괴롭히는 감정으로 받아들이지 않게 되었다. 그 외로운 시간에 방해받지 않고 오롯이 나에게 집중할 수 있었고, 내가 원하는 일을 마음껏 할 수 있었다. 그 누구에게도 방해받지 않고 오직 나에게만 집중할 수 있는 시간, 이를 통해 나를 알게 되고 나를 인정할 수 있는 여유를 주는 것. 이것이 바로 내가 말하는 외로움의 반전 매력이다.

외로움은 얼마든지 이겨낼 수 있는 감정이다. 그것을 너무 부정적으로 받아들이지 않는다면 굴복당하지 않을 수 있다. 만약 지금 너무나 외롭다면 그 시간에 무엇인가를 해보면 어떨까. 나에게 초점을 맞추고, 내가 더욱 집중하고 싶었던 일 혹은 사람들과 함께하는 동안에는 눈치 보거나 시간을 낼 수 없어서 하지 못했던 일을 해보는 것이다. 홀로 있는 고요한 시간, 그 시간을 나를 위해 쓰고, 나에게 집중하면 외로운 시간은 더 이상 외로움을 주는 시간이 아닐 것이다. 오히려 이제 그 시간은 나를 가장 행복하게 만들어주는, 내게 꼭 필요한 시간이 될 것이다.

CHAPTER 32

나만의 밀실은 선택이 아닌 필수

    우리는 외로움을 너무나 간단히 부정적인 감정으로 규정한다. 그도 그럴 것이, 외로움을 느꼈던 때를 떠올려보면 그리 달갑지 않은 상황이었다. 친구들은 삼삼오오 모여 신나게 노는데 나는 어울릴 친구가 없어서 홀로 있다. 말할 사람이 없으니 책상에 엎드려 쉬는 척하거나 밖으로 나가 혼자 있는 모습을 들키지 않으려 한다. 점심시간이 되면 곤혹스럽다. 테이블 한 칸을 혼자 차지하고 앉아 밥을 먹자니 용기가 나지 않는다. 그래서 편의점에서 삼각김밥을 하나 사서 허겁지겁 먹어치운다. 점심식사는 고픈 배를 채우기 위한 행위일 뿐 그 이상도 그 이하도 아니다. 일과를 마치고 집으로 돌아오면 적막만이 나를 반긴다. 온기가 없는 집에 불을 켜고 들어가면 외로움이 물밀듯 밀려온다. 오늘 하루도 꾸역꾸역 보냈다. 지치고, 힘이 쑥 빠진다. 외로움은 되도록 피하고 싶다. 떠올릴

수록, 인지할수록 내 삶이 너무 초라해 보이고, 외톨이 같고, 우울해지니까.

대학교에 진학한 나는 불행하게도 초중고교 시절 친했던 친구들과 떨어지게 되었다. 운 좋게 친한 친구 2명과 같은 대학교에 붙었지만, 과가 달랐기에 새로운 친구들을 사귀지 않으면 안 될 처지에 놓이게 되었다. 하지만 공교롭게도 대학교 때 사귄 친구들과는 같은 수업을 들은 적이 손에 꼽힐 정도로 적었다. 결국, 대학에 다니는 동안 대부분 혼자 수업을 들었다. 기숙사에 살았던 탓에 밥도 혼자 먹어야 했다. 물론 처음에는 혼자 밥 먹는 것이 두려워 룸메이트와 시간이 맞지 않으면 굶거나 라면으로 배를 채웠다. 그런데 넉넉지 않은 주머니 사정은 이마저도 허락하지 않았고, 나는 어쩔 수 없이 혼자 밥을 먹기로 했다. 그 당시 나름 큰 용기를 낸 것이었다. 그런데 혼자 밥 먹으면 큰일이 날 것 같았던 내게 아무 일도 일어나지 않았다. 당연한 것이겠지만, 커다란 기숙사 식당이든 어디서든 혼자 밥 먹는 나를 아무도 신경 쓰지 않았다. 그들은 그저 자신의 상황에 몰입해 있었으니까. 이렇게 얼떨결에 혼자가 된 나는, 이후에도 혼자라는 사실이 외롭지 않았다. 외롭지 않으니 혼자라는 것이 불편하지도 않았다. 오히려 혼자 있음으로써 내 시간을 마음대로 쓸 수 있는 것이 편하게 느껴지기까지 했다.

사람은 혼자라고 해서 외롭지 않다. 나는 이 사실을 대학생활의 경험을 통해 잘 알게 되었다. 그런데 인생은 내게 정반대의 가르침을 줄 준비를 하고 있었다. 그것은 바로 결혼을 한 뒤 정반대의 상황에서 정반대의 감정을 느끼면서 시작됐다. 번듯한 직장을 다니고, 백년가약을 맺은 남편이 있음에도 불구하고 30대 초반의 나는 전에 없던 외로움을 느꼈다. 내 주변에는 친구, 직장 동료들, 남편까지 그 어느 때보다 사람들로 가득했지만, 아이러니하게도 그때 극심한 외로움에 빠졌다.

외로움을 느끼는 이유도 너무나 많다. 이사나 퇴직처럼 오랫동안 익숙해졌던 환경에서 분리될 때, 그리고 자신의 일상에 커다란 변화가 찾아왔을 때 외로움을 느낀다. 때로는 사랑하는 사람과 이별했을 때, 내 마음을 털어놓을 사람이 없을 때도 외로움을 느낀다. 사업에 실패하거나 열심히 공부한 시험에서 떨어지거나 회사 일이 내 마음대로 되지 않고 실타래처럼 꼬여버릴 때, 우리가 흔히 실패라고 일컫는 경험을 통해서도 외로움을 느낀다. 물리적으로 혼자 있어서 외로운 것이 아니라 내 마음이, 내 감정이 아프기 때문에 외로움이 찾아오는 것이다. 나 역시 건강과 일에 실패를 겪으면서 (사실 그것조차 실패가 아닌 새로운 도전의 시작점으로 인식하면 될 일이었지만) 외로움이 찾아왔다.

이런 외로움을 마주하기 위해 나만의 공간이 필요했다. 화려한 광장에서 살아가는 타인들을 만날수록 내가 점점 초라해졌으니, 남들과 비교하지 않고 온전히 나를 보듬어 줄 나만의 밀실이 필요했던 것이다. 광장에서 주목받는 사람이 되고 싶었던 나는 욕심을 버리고 밀실로 들어갔다. 사회적 동물인 인간에게 광장이 필요한 만큼 나를 온전히 내려놓고, 눈치 보지 않고 쉴 수 있는 나만의 공간인 밀실도 꼭 필요하다고 생각했다. 그래야 광장에 나가 사람들과 잘 어울릴 수 있으니까.

화려하고 왁자지껄한 광장에 있다가 밀실에 들어온다면 내 기분이 어떨까. 허무할까? 아니면 드디어 조용한 곳에 왔으니 기쁠까? 나는 되도록 당신이 안락한 밀실에서 지내길 바란다. 밀실 안에 먹을 것도 있고, 마실 것이 있고, 즐길 것이 있다면 밀실에 있는 시간도 광장에 있는 시간만큼이나 즐겁고 행복한 시간이 될 것이다. 그러니 밀실을 광장만큼이나 편안하게, 안락하게, 부족함 없이 채우길 바란다.

안락하고 편안하고 부족함이 없는 밀실이란 어떤 것일까. 외로움, 혼자 있는 것, 밀실에 대한 개념을 재정의함으로써 안락한 소파도 놓아두고, 반짝이는 전구와 아름다운 향을 뿜내는 꽃도 놓아둘 수 있다. 생각을 바꾸는 것만으로 안락한 밀실을 만들 수 있는 것이다.

혼자 밥 먹는 것, 혼자 수업 듣고, 혼자 쇼핑하고, 여행 가는 것은 외로운 일이 아니다. 그것은 우리가 만들어낸 편견일 뿐이다. 오히려 우리에게는 혼자 있는 시간이 필요하다. 왜 그러냐고? 사회는 우리에게 너무 많은 예의를 요구하고, 그렇기 때문에 우리는 가면을 쓰고, '척'을 해야 한다. 하지만 그런 내 모습이 진짜 내 모습일까. 광장에서의 모습이 진짜 내 모습이 아니라면 우리는 가면 속에서 점점 질식하게 될 것이다. 하지만 밀실에서는 더 이상 가면을 쓸 필요가 없다. 밀실에서는 가면을 벗고 나를 들여다볼 수 있다. 하루의 절반을 광장에서 가면을 쓰고 살았다면, 밀실에서는 가면을 벗고 나에게 진정한 휴식을 줄 수 있다.

그런 면에서 밀실은 있는 그대로의 나를 자유롭게 드러내며 내가 하지 못했던 것을 마음껏 할 수 있는 공간이다. 하고 싶었지만, 타인을 배려하느라 하지 못했던 취미생활을 할 수 있고, 하고 싶었던 공부를 할 수도 있고, 오랫동안 염원해왔던 것을 할 수도 있다. 가령 책을 읽는다거나 글을 쓴다거나 악기를 배운다거나 그림을 그리는 것들이 바로 그것이다. 먹고 살기 위해 잠시 외면했던 일을, 혹은 당신이 원하는 일을, 혹은 미래에 해보고 싶은 일을 배우는 시간을 밀실에서 보낼 수 있다. 그리고 이 시간이 지친 내 마음을 위로하고 다시 힘을 내게 도와줄 것이다.

PART 9

나는 건강해서 괜찮아

내 뼈와 근육, 정신, 마음을 쏟아부어서 이뤄낸 것이
통장 잔고 얼마라는 사실에 슬퍼졌다.
오랜 반성 뒤 나는 비로소 건강을 돌보기 시작했다.

CHAPTER 33

바로 지금, 뽀빠이가 되어야 할 때

젊음은 언제나 현재를 저당 잡히며 산다. 오늘 하루, 일주일, 한 달, 일 년. 원하는 것을 이루기 위해 몸을 혹사한다. 나역시 마찬가지였다. 중요한 시험, 중요한 일을 위해 하루 이틀 정도 꼬박 새우는 것은 일도 아니었다. 인생이라는 긴 레이스를 젊을 때 많이 달려놓으면 노후에는 달리지 않아도 편하게 살 수 있을 것이라는 생각에 몸을 혹사하며 살았다. 젊기 때문에 당연히 건강할 거라 생각했고, 운동을 안 해도 나는 언제나 강철 체력이고, 아픈 곳 없이 건강하리라 생각했다.

하지만 감정 낭비를 막기 위해서는 건강도 중요하다. 건강이 일상생활뿐만 아니라 감정에도 영향을 미치기 때문이다. 몸이 아플 때 유독 만사가 귀찮게 느껴지고, 작은 일에 거슬린 적이 있지 않은가? 혹은 신경 쓰거나 화나는 일이 생기면 갑자기 머리가 아프기도 하고, 긴장을 하면 소화가 안 되거나 배가 아프기도 하다. 아침에 일어나니 감기 기운이 있는 것 같거나 컨디션이 좋지 않은 상태인데 직장 동료가 옆에서 조잘거리며 이것저것 물어본다면 어떠하겠는가? 머리가 더 띵해지고 짜증이 나서 말을 툭툭 내뱉거나 불친절하게 알려 줄 수도 있다. 내 몸이 건강하지 않으면 내 마음도 편할 수가 없다. 전문가가 아니기에 과학적인 인과관계를 설명할 수는 없지만, 이처럼 몸과 마음이 서로 영향을 주고받는다는 것을 우리는 이미 경험을 통해 알고 있다. 그래서 몸이 아프면 마음이 아프고, 마음이 괴로우면 몸도 괴롭다.

젊었을 때라고 말하자니 조금 어색하지만, 적어도 지금보다 젊은 시절의 나는, 잔병치레 하나 하지 않을 정도로 건강한 사람이었다. 1~2년에 한 번 감기에 걸릴까 말까 하고, 같은 음식을 먹어도 배탈이 나지 않을 정도로 건강했기에 건강에 관해 자만에 빠져 있었다. 요즘에는 운동을 꾸준히 하는 사람들이 늘고 있지만, 아직도 운동이나 건강을 중요하게 생각하지 않는 사람들이 많다. 나 역시 그런 사람 중 한 명이었다. 그래서 운동은커녕 식단을 조절하거나 피로를 풀기 위해 잠을 푹 자거나 한 적이 없었다. 퇴근을 하면 나를 위한 일은 하나도 하지 못했다는 생각에 새벽 2시가 넘도록 휴대전화와 노트북을 들여다보았다. 늦은 시간 잠자리에 든 뒤 새벽 6시에 일어나 하루를 시작했고, 야근을 밥 먹듯이 했다. 5분이라도 더 자기 위해 아침식사는 건너뛰었고, 점심은 기본이고 저녁까지 사 먹는 경우가 많았다. 양질의 영양소 대신 부족한 잠을 쫓아내기 위해 커다란 사이즈의 커피를 하루에 두세 잔씩 마시며 카페인을 과다 섭취했다. 그렇게 몇 년 동안 일을 했더니 몸이 신호를 보내왔다.

시도 때도 없이 편두통이 찾아와 약을 먹지 않으면 참을 수가 없었고, 없었던 생리통이 생겨 일상생활이 힘들었다. 알레르기성 비염이 생기면서 콧물과 기침이 심해졌고, 대화하기가 힘들 정도로 증상이 악화됐다. 스트레스 받을 때마다 폭식했던 습관 때문에 체중이 급격히 불어나면서 몸은 점점 둔해졌고, 다리에 통증이 와서 밤에 잠을 이룰 수가 없었다. 설상가상으로 목 디스크가 터지면서 옴짝달싹 못 하는 상황이 되었다. 이 모든 것이 불과 몇 년 사이에 발생한 일들이었다.

몸이 아프니 처음에는 짜증이 났다. 내 몸을 내 뜻대로 움직일 수 없었을 때를 생각해보면, 아마도 내 감정이 이해될 것이다. 예를 들면 잠을 자야 하는데 코가 막혀 숨을 못 쉬는 상황이라면? 그 답답함에 짜증이 밀려오지 않는가? 제대로 잠을 자지 못하니 다음 날 컨디션이 좋지 않고, 그 탓에 아픈 몸도 빨리 회복되지 않는다. 이런 상황이 1~2주 정도 후에 회복된다면 그 정도는 참을 만하다고 여길 것이다. 하지만 나를 멈춰 세운 디스크는 달랐다. 외관으로 볼 때는 너무나 멀쩡한 사람인데 정상적인 생활이 불가능하니 너무나 답답했다. 내 몸을 내 뜻대로 가누지 못하는 상황을 장기간 경험하면서 나는 짜증을 넘어 무기력함마저 느꼈다. 가족에게 걱정을 끼치고, 짐이 된다는 사실이 속상했다. 아프다고 나를 미워할 사람들이 아니었음에도 죄책감에 사로잡혔다. '나는 아직 젊은데, 벌써부터 이러면 나중에는 어떻게 되는 거지?' 더 나이 들면 정상적인 생활이 불가능할 것이라는 생각에 우울하고 외로웠다. 그러니 주변 사람에게 나도 모르게 화를 냈다. 내 몸이 내 뜻대로 움직여주지 않는 것에 대한 화풀이를 한 것이다.

몸이 아프고, 그로 인해 감정이 요동치고, 마음까지 아프게 되어서야 내 일상을 되돌아보았다. 공부를 하기 위해, 돈을 벌기 위해, 삶을 꾸리기 위해 내 몸을 혹사하며 폭주 기관차처럼 달리던 모습을 마주하자 허탈감이 밀려왔다.

'나는 한 달에 얼마 되는 돈을 수중에 넣기 위해 나를 돌보는 것을 포기했구나.'

내 뼈와 근육, 정신, 마음을 쏟아부어서 이뤄낸 것이 통장 잔고 얼마라는 사실에 슬퍼졌다. 오랜 반성 뒤 건강을 돌보기 시작했다. 되도록 영양분이 갖춰진 식단으로 식사를 하려고 노력했고, 부족한 영양소는 건강보조제를 통해 보충했다. 꾸준히 운동을 하고 산책을 하며 내 몸을 돌보았다. 수년 동안 그렇게 노력한 결과 다행히 지금은 많은 것이 좋아져서 큰 불편함 없이 생활하고 있다.

건강이 좋아진 이후에도 되도록 규칙적인 생활 패턴을 정해서 움직이고 있다. 무엇보다 중요하게 여기는 것이 바로 잠이다. 한때 잠자는 시간이 아까워 새벽에야 잠이 들었던 나는, 요즘은 최소 몇 시간은 자야 다음 날 피곤하지 않은지 파악한 뒤 그 시간만큼은 무조건 자려고 노력한다. 우리는 잠자는 것을 죄악처럼 여기지만, 사실 잠자는 시간이 충분하지 않으면 다음 날 지장을 주게 된다. 휴대전화 배터리를 충전하듯, 우리 몸도 잠이라는 충전 시간이 필요하다. 그러니 잠은 충분히 자고 깨어있는 시간을 알차게 쓸 수 있는 효율적인 방법을 찾아 계획을 세워보자.

내가 필요한 만큼의 잠을 충분히 잤다면, 일어난 뒤에는 스트레칭을 한다. 잠자는 동안 굳은 근육들을 이완시킴으로써 활력을 준다. 그리고 따뜻한 물 한 잔을 꼭 마신다. 산책도 잊지 않는다. 상쾌한 바람을 들이마시고, 햇빛을 쬐면 기분이 좋아지는 것이 느껴진다. 그렇게 산책과 운동을 꾸준히 한 결과 오랫동안 나를 괴롭혀왔던 다리와 목, 어깨의 통증이 사라졌다. 통증이 사라진 것만으로도 내 감정을 건드리는 요소가 줄어든 셈이니 얼마나 좋은지 모른다.

언젠가 딱히 기억나는 사건이 없음에도 이유 없이 기분이 좋지 않다면 자신의 몸 상태를 돌아보자. 요즘 잠은 잘 자고 있는지, 음식을 골고루 잘 챙겨 먹고 있는지, 운동하면서 체력을 키우고 있는지를. 그러다 보면 나를 괴롭혔던 감정의 원인을 발견할 수도 있을 것이다.

내 몸을 혹사하며 폭주 기관차처럼 달리던 모습을 마주하자 허탈감이 밀려왔다.
'나는 한 달에 얼마 되는 돈을 수중에 넣기 위해 나를 돌보는 것을 포기했구나.'

CHAPTER 34

마음을 튼튼히 하는 보약이 있다면

사람들을 관찰하다 보면 신기한 것들을 목격한다. 똑같은 상황에 처했는데도 어떤 사람은 감정이 동요하고 드러내는 반면, 어떤 사람은 크게 동요하지 않거나 그마저도 잘 드러내지 않는 것이다. 계산을 하기 위해 줄을 서 있는데 앞에 어떤 사람이 불쑥 끼어든다. 이런 상황이라면 어떻게 할까. 어떤 사람은 그러려니 하며 아무렇지 않은 듯 넘어가고, 어떤 사람은 뒤로 가서 줄을 서라고 정중히 말하고, 어떤 사람은 불같이 화를 내며 소리를 친다. 슬픈 장면을 볼 때 어떤 사람은 무표정으로 화면을 응시하는 반면, 어떤 사람은 흐르는 눈물을 닦아내고, 어떤 이는 눈물 콧물을 쏟아내며 대성통곡을 한다.

그중 예민함의 끝판왕이었던 나는 너무나 쉽게 감정의 동요가 일었다. 상대의 악의 없는 행동에 화가 났고, 생각 없이 내뱉은 말에 상처받아 우울해하기도 했다. 나에게 하는 행동이 아니었음에도 불구하고 타인의 감정에 몰입해 울거나 웃거나 화내거나 속상해하거나 하는 경우도 많았다. 어떤 때는 그 감정에 휩싸여 아무것도 하지 못하고 몇 날 며칠을 끙끙 앓기도 했다. 감정들이 나를 찾아올 때마다 그 감정이 해소되기 전까지 많은 시간과 에너지를 쏟아야 했으니, 이것은 내게 낭비 중의 하나였다.

감정은 우리에게 통증 같은 존재다. 팔팔 끓는 물에 손을 넣었다고 생각해보자. 생각만으로도 인상이 써지면서 아픔이 느껴지는 기분이다. 실제로 화상을 입으면 상처가 나을 때까지 통증이 멈추지 않는다. 통증은 불편한 것이지만, 우리가 위험한 상황에 처해 있음을 알아차릴 수 있도록 도와준다. 통증을 느끼지 않으면 자신이 다쳤다는 사실을 알지 못하고, 그러면 제대로 치료받지 못해 생명이 위험하기까지 하니 통증은 분명 없어서는 안 될, 중요한 것이다. 내가 감정이 통증 같은 존재라고 말한 것은 바로 이 때문이다. 통증이 몸을 지키도록 돕는 것처럼, 감정 역시 나를 지키도록 돕는다. 감정은 내 몸과 마음에 일어난 변화들을 감지한다. 나에게 이로운 것들, 방치하면 불리한 것들을 알아차리고 슬며시 고개를 들어 문제 상황이 발생했음을 알린다. 우리가 이것을 잘 알아차리면 마음이 무너져 내리는 것을 미리 막을 수 있으니 감정이란 녀석도 참 고마운 존재가 아닐 수 없다.

하지만 앞서 말한 것처럼 나의 감정은 지나치게 예민해서 문제였다. 그래서 어쩌면 통증을 느끼지 못하는 상황만큼이나 곤란한 상황이 이어졌다. 이 초민감 센서등을 조금만 덜 민감하게 만들어서 진짜 내게 필요한 경고만 의미 있게 전달받을 수 있다면 얼마나 좋을까. 같은 영화를 보고도 대성통곡하지 않고, 새치기 한 사람을 보고도 정중하게 말할 수 있다면 얼마나 좋을까. 초민감 센서등을 일반 센서등 수준으로 바꿀 수 있다면 감정에 매몰되지 않고 건강하게 드러내면서 더 편하게 살 수 있지 않을까?

초민감 센서등을 일반 센서등으로 바꾸기 위해, 나는 매일 아침 긍정의 한 스푼을 더하기로 했다. 행복한 감정과 기분 좋은 상황은 센서등의 민감도를 떨어트리기 때문이다. 기분이 좋으면 실수도 대수롭지 않게 대할 수 있고 긍정적으로 생각하게 되는 것처럼, 하루를 행복한 감정과 긍정적인 생각으로 시작하면 그렇지 않은 상황보다 스트레스 상황에 더 무감각해질 수 있다. 하루의 시작을 알리는 알람 소리에 짜증이 나고, 매일 반복되는 틀에 박힌 듯한 일상이 지겹고, 5분만 더 10분만 더 자고 싶다는 생각을 하면 부정적인 한 스푼을 더한 것이다. 조금 피곤할지라도 긍정적인 생각을 하면 하루를 다르게 시작할 수 있다. 알람이 울리면 오늘도 밤새 안녕해서 얼마나 감사한지, 오늘 하루는 어떤 행복한 일들이 나를 찾아올 것인지를 생각하며 오늘 만나게 될 인연들에 대한 감사함, 하루를 충실하게 살아갈 기회가 주어졌다는 사실에 감사함을 떠올리는 것이다. 이렇게 긍정 한 스푼을 마음에 더한 뒤에는 감사의 인사도 더한다.

'밤새 아픈 곳 없이 무사히 일어날 수 있어 감사해. 오늘 하루도 꿈을 위해 노력할 수 있어 행복해. 기쁘고 행복하게, 그리고 사랑을 나누는 하루가 벌써부터 기대돼.'

이런 긍정적인 생각을 떠올리며 거울을 보면, 거울 속에는 밝은 표정의 내가 있다. 웃으면서 욕을 하기 힘든 것처럼, 감사와 긍정적인 메시지를 말하며 얼굴을 잔뜩 찌푸린 척하기란 어려운 일이다. 얼굴 근육이 씽그린 상태가 아닌 웃는 근육으로 바뀌면 이후에는 뇌가 마법을 부린다. 거울 속 웃는 얼굴을 긍정적인 신호로 인식하면서 행복감을 주는 호르몬을 분비하는 것이다. 또다시 긍정 한 스푼이 더해지는 셈이다.

그러나 하루를 긍정적으로 시작해도 어느덧 긍정의 에너지가 바닥을 보이거나 스트레스를 받는 상황이 생기기 마련이다. 이럴 때는 짧게라도 명상을 해보길 추천한다. 어떤 사람들은 아침에, 어떤 사람들은 취침 전에 명상하기를 추천하기도 한다. 모두 좋지만, 나는 일상 중에 잠시나마 명상을 해보기를 추천한다. 일상생활을 하다 보면 생각이 멈추질 않으니 우리의 뇌는 쉴 새 없이 돌아간다. 그렇게 멈추지 않고 돌아가는 뇌를 잠시 쉬게 하는 게 바로 명상이다. 3분이든, 5분이든, 10분이든 길지 않아도 좋으니 명상을 해보자. 만약 스트레스 상황이 찾아왔다면 그로 인한 감정에 매몰되지 말고 명상을 하는 것도 도움이 된다.

요즘엔 다양한 명상 영상들이 제공되고 있어서 원하는 스타일의 명상을 골라서 할 수도 있다. 가만히 눈을 감고 있는 것이 어렵다면 안내자의 목소리를 따라 하는 명상도 도움이 될 것이다. 나는 주로 화가 나는 상황에 감사의 확언 명상을 한다. 기분이 나쁠 때, 불쾌한 상황에 화가 날 때 반대로 감사의 말을 하는 명상을 하면 신기하게도 화의 크기가 줄어들고, 상대방의 상황을 이해하게 된다.

몸이 허약할 때 보약을 먹는 것처럼, 우리의 마음도 더 튼튼하게 만들어 줄 보약이 필요하다. 매일 아침을 여는 기분 좋은 응원과 내 마음을 고요하게 만들어줄 명상으로 마음이 단단해진다면 나를 괴롭혔던 초민감 센서등도 덜 민감해질 것이다.

CHAPTER 35

나만의 스트레스 해소법

　운전면허를 딴 지 얼마 되지 않아 새로운 업무에 배치되면서 본의 아니게 운전을 해야 하는 상황이 찾아왔다. 운전 경험이 적었던 나는 조금 더 연습하고 싶었지만, 업무를 위해 짧은 도로 연수를 마치고 운전대를 잡았다. 그런데 그때부터 울렁증과 구토, 극심한 두통이 찾아왔다. 병원을 가도 원인을 찾을 수가 없었고, 한 달이 지나도 증상은 나아지지 않았다. 도저히 안 되겠다 싶어 다시 병원을 찾았고 정밀 검사를 받았지만, 신기하게도 몸은 아무런 이상이 없었다. 의사 선생님은 커다란 변화가 생겼거나 심한 스트레스를 받으면 이렇게 이유 없이 아프기도 하다며 스트레스를 잘 해소하라고 조언했다. 그런 조언을 받았음에도 나는 "스트레스를 받지 않고 사는 사람이 어디 있나요, 선생님. 그냥 참고 사는 거지요"라고 말하며 병원을 나섰던 기억이 있다. 의사의 말을 한 귀로 흘

려듣고, 다시 일을 했지만 약을 먹어도 증상은 호전되지 않았다.

'도대체 내게 무슨 문제가 있는 거지?'

답답한 마음에 아픈 증상이 생기는 패턴과 양상을 분석해 보았더니 놀라운 결과를 발견할 수 있었다. 바로 운전을 하러 가기 전, 내가 '몇 분 후에는 이동해야지'라고 생각을 하는 순간부터 구토와 두통, 심장 두근거림 같은 증상이 생기고, 운전하는 동안 이 증상은 최고조에 달했다가 차에서 내리면 증상이 완화되는 패턴으로 통증이 찾아온 것이었다. '운전을 못하면 어쩌지? 사고가 나면 어떡하지?'라는 걱정에 나도 모르는 사이 극심한 스트레스를 받고 있었던 것이다. 내 스트레스가 신체적인 고통을 유발했다는 것을 알게 된 후 지인에게 부탁해 운전 연습을 다시 하면서 운전에 대한 두려움을 조금씩 떨쳐냈다. 그렇게 연습을 하고 운전에 점점 익숙해지자 나를 찾아왔던 증상도 사라졌다.

우리는 흔히 안 좋은 일이 생길 때 입버릇처럼 "아, 스트레스 받아"라는 말을 쉽게 내뱉지만, 스트레스를 받고 있는 상황임을 뻔히 알면서도 '언젠가는 괜찮아지겠지' 하며 방치하고 만다. 혹은 내 사례처럼 무엇이 스트레스인지도 모르고 사는 경우도 있다. 물론 모든 스트레스가 다 나쁜 것은 아니다. 스트레스는 적당한 긴장감을 주기 때문에 신중을 기할 수 있고, 대충하거나 방심하면서 발생하는 문제 상황을 예방할 수 있다. 또한 스트레스는 더 노력할 수 있는 촉진제가 되기도 하며 이를 통해 성취하는 경험을 할 수도 있다. 이런 스트레스라면 나는 언제든 환영이다.

실제로 글을 쓰기 전에 나는 약간의 스트레스를 받는다. 중요한 일일수록, 잘하고 싶은 것일수록 스트레스가 더 크게 다가온다. 이런 스트레스는 내게 긴장감을 줘서 일을 더 수월하게 한다. 더 집중할 수 있어서 영감이 떠오르기도 하고, 까다로운 일을 더 빨리 해결하는 경우도 있다. 그러므로 이런 종류의 스트레스라면 거부할 이유가 없다. 내게 긍정적인 영향을 주니까.

하지만 스트레스가 긍정적으로 작용하기 위해서는 내가 감당할 수 있는 수준의 것이어야 한다. 스트레스 상황을 내가 컨트롤할 수 없고, 오히려 스트레스에 질질 끌려가는 형국이라면 그것은 좋은 스트레스가 아니다. 이런 나쁜 스트레스는 나를 좌절하게 만들고, 의욕을 저하시키고, 의기소침하게 만들고, 두려움과 불안감을 가져온다. 이런 감정에 휩싸인다면 무엇을 하든 내가 원하는 대로 일을 이룰 수 없다. 그러니 불쾌한 감정을 불러일으키는 스트레스 상황은 제대로 컨트롤해야 한다.

스트레스를 받게 되었다면 어떻게 하는 게 좋을까. 무엇보다 중요한 것은 스트레스 상황을 회피하는 것만으로는 그것이 사라지지 않는다는 것이다. 경우에 따라서는 직면하고, 정정당당히 부딪혀 해결해야만 해소되는 스트레스도 있다. 그럴 때는 스트레스가 곧 사라질 것이라며 수수방관하지 말고, 스트레스를 없앨 수 있는 적극적인 노력을 해야 한다.

우리가 스트레스를 받았던 상황과 그것을 어떻게 해소했는지 기억을 떠올려보자. 내 스트레스 해소법은 지인들과 수다를 나누며 뒷담화를 하는 것이었다. 그러다 보면 마음이 조금 편해지고는 했었다. 어떤 친구는 스트레스를 무시하기도 하고, 어떤 사람은 술을 마시고, 어떤 사람들은 클럽이나 노래방 같은 곳에서 유희를 즐기기도 한다. 어떤 식으로든 감정의 분출은 스트레스를 줄이는 데 도움이 된다. 하지만 스트레스가 이것만으로는 해소되지 않는 경우도 있다. 만약 나의 스트레스가 월말까지 마쳐야 할 업무 때문에 오는 것이라면 노래방에서 노래를 부르며 논다 한들, 일감을 몰아준 팀장을 욕한다 한들 해결이 되지 않는다. 게다가 스트레스를 풀어준답시고 가기 싫은 술자리에 억지로 참석해 술을 마셔야 하는 상황이라면 그야말로 최악이지 않은가? 그러므로 스트레스를 받으면 그것을 해소할 수 있는 자신의 방법을 알아두는 것이 좋다. 그렇게 일시적으로 스트레스의 크기를 줄이고 마음이 조금 평온해지면, 그 뒤에는 꼭 스트레스를 주는 근본적인 문제를 해결할 방안을 찾아야 한다. 차가운 머리로 생각해야 답을 찾을 수 있고, 답을 찾아야 스트레스 상황을 근본적으로 없앨 수 있다.

스트레스를 줄이는 또 다른 방법은 의식적으로 낙관적인 생각을 하는 것이다. 쌀알만 한 크기의 스트레스를 수박만 한 크기로 늘리는 이유 중 하나는 우리가 스트레스 상황을 비관적으로 인식하기 때문이다. 문제가 생기면 '나는 왜 항상 이 모양이지? 왜 일이 실타래처럼 꼬이는 걸까?'라는 부정적인 생각을 주입하는 경우가 있다. 피해의식, 자책, 자학이 이어질수록 스트레스는 점점 커진다. 부정적인 생각을 먹고 눈덩이처럼 커진 스트레스는 이성적으로 생각할 기회와 능력을 빼앗아간다. 그러므로 문제 상황이 발생했을 때, 부정적인 생각을 이어붙이고 있다면 의식적으로 이런 생각을 끊어보자. '내가 지금 문제 상황을 지나치게 해석하고 있구나. 이런 오해를 풀어볼까'라고 생각해보자.

생각해보면 우리는 여태껏 많은 것을 이뤄왔다. 일이 매번 꼬이기만 했다면 우리가 지금 이렇게 살 수나 있었을까. 이 정도로 이루고, 이 정도의 사람들을 사귀고, 학교에 다니고, 직장에 다니고, 애인을 만나고, 결혼을 했다. 우리는 내가 생각했던 것보다 훨씬 더 많은 것을 이뤄냈다. 그리고 과거에 그랬듯 앞으로도 많은 것을 이루며 살아갈 것이다. 그러므로 문제 상황이 생기면 이렇게 생각해보자.

'지금은 내가 원하는 대로 되지 않았지만, 분명 다른 방법을 찾아 해낼 수 있을 거야. 자신 있어. 그리고 난 할 수 있어. 설령 안 된다면 엉킨 실타래 따위 끊어내면 그만이지, 뭐. 여기서 포기하고 아무것도 안 하는 것보다 뭐라도 한 것이 더 대단한 거야.'

스트레스 상황을 회피하는 것만으로는 그것이 사라지지 않는다.
스트레스가 곧 사라질 것이라며 수수방관하지 말고,
스트레스를 없앨 수 있는 적극적인 노력을 해야 한다.

CHAPTER 36

힘들다는 신호엔 일시정지 버튼

　대한민국의 야경은 아름답다. 해가 지고, 어둠이 내리면 사무실이며 가정집이며 저마다 불을 밝히고 밤의 풍경을 장식한다. 언제부턴가 워라밸(워크 앤드 라이프 밸런스. 일과 일상의 균형을 맞추자는 인식)을 외치지만 아직도 밤늦은 시간까지 불이 꺼지지 않는 사무실이 많다. 퇴근을 해서도 일을 하고, 주말에도 일을 하기 위해 책상 앞에 앉는다.

　나 역시 어둠이 내린 하늘을 열정으로 밝히며 앞만 보고 달렸다. 원하는 것이 있고, 이루고 싶은 것이 있고, 해야 할 일이 있다는 이유로 쉬지 않고 달렸다. 나는 성취지향적인 사람이니까. 하지만 그렇게 앞만 보고 달리다 보면 자연스럽게 자신의 상황을 돌보지 않게 되고, 그러다 어느 순간 제재를 받는다. '슬슬 멈춰야 하는데'라는 생각이 들면서도 '조금만 더, 이제 거의 다 왔으니 조금만 더' 혹은 '남들은 여전히 달리고 있는데 나만 멈춰 서면 안 돼. 더 해야 돼'라는 생각으로 제재를 무시하고, 열정을 불태운다. 어느덧 내가 재가 되어 바스라질 때까지.

책을 쓰기 시작하면서 내게 찾아온 긍정적인 변화를 놓치고 싶지 않았다. 오랜만에 의욕과 열정을 느꼈으니 이런 변화가 감격스러워 계속 이어가고 싶었다. 그래서 자도 자도 졸리고 피곤한 내 상태를 무시한 채 또다시 앞만 보며 달렸다. 입안이 헐고 점점 집중력이 떨어지는 것을 느꼈지만, 그런 신호를 외면했다. 그 결과 나는 어떻게 되었을까. 불행 중 다행으로 대상포진에 걸렸고, 그 후 몇 주 동안은 아무것도 하지 못한 채 휴식의 시간을 가져야 했다. 그렇게 반강제적으로 제동이 걸리고 나서야 또다시 내가 멈춰서야 할 순간에 그러지 않았음을 깨달았다. 그것이 설령 내가 좋아서 하는 일이더라도, 내가 원해서 하는 일이더라도 무슨 일을 하더라도 조절은 필요하다. 내가 원하는 것을 한다고 해서 갑자기 내가 무쇠팔, 무쇠다리, 강철 마음의 로봇이 되는 것은 아니니까.

살다 보면 이런 제동의 신호가 불쑥불쑥 찾아온다. 잠시 멈추고, 호흡을 가다듬고, 나를 돌아보라는 신호. 이런 신호를 어떻게 알아차릴 수 있을까? 방법은 의외로 간단했다. 바로 예전 같지 않은 나의 상황(건강, 마음 상태, 기분, 주변의 평판이나 환경 등)을 인식하는 것이다. 예를 들면 평소에는 쉽게 해결했던 일을 잘 해결할 수 없다거나, 체력이 예전 같지 않다고 느껴질 때를 잘 포착하는 것이다.

중요한 일을 하기 위해 하루 이틀 날을 새우다시피 하며 일한 적이 있다면 그때의 경험을 다시 떠올려보자. 날을 샌 탓에 다음 날 정신이 몽롱하고, 일을 하려고 해도 좀처럼 집중하기 힘들다. 일하는 데 속도도 안 나고 머리가 멍해서 판단을 내리기도 힘들다. 이럴 때 우리는 컨디션을 회복하기 위해 그날 저녁은 일찍 잠자리에 들어 부족한 잠을 보충하고, 에너지를 채운다. 아주 단기적인 상황이지만 이런 것이 바로 예전 같지 않음을 인식하는 것이다. 때로는 다른 사람을 통해서 내가 예전 같지 않음을 알아차릴 수도 있다. 혹시 주변으로부터 안 좋은 피드백을 받았거나 "요즘 무슨 일 있어? 예전 같지 않아서 걱정이야"라는 식의 말을 들었다면 이때는 무시하지 말고 나를 돌아봐야 한다. 나보다 남이 먼저 내 상태가 변화된 것을 알아차렸다면, 당신의 상태는 생각보다 안 좋은 상황일 수도 있다. 타인이 느낄 만큼 안 좋아졌다는 뜻일 테니까.

타인에 의해서든 자각에 의해서든 내가 예전 같지 않음을 인식했다면, 무시하지 말고 나를 돌아보아야 한다. 내가 지금 정말로 괜찮은지 건강, 감정, 상황 등 모든 것을 차분히 들여다보고 어디에서 괜찮지 않은 부분이 발생했는지 원인을 찾아야 한다. 만약 이런 상황을 무시한다면 최악의 경우 나처럼 극심한 우울증에 빠지거나, 건강을 잃게 된다. 그것이 디스크가 터지거나 대상포진인 것은 어쩌면 행운이다. 암처럼 무서운 질병이 나를 제재하지는 않았으니까.

스스로 돌아본 결과 내가 예전 같지 않다면 그럴 땐 과감히 멈추어야 한다. 나를 괴롭히고 있는 상황에서 떨어져 나와서 나를 다독이고 재정비하는 시간을 갖는 것이다. UFC 선수에게 휴식시간이 필요하고, F1 경기 중에 자동차를 정비하는 것처럼, 우리에게도 그런 재정비의 시간이 필요하다. 휴식의 시간은 자신이 처한 상황에 따라 다르다. 내 몸과 마음의 상처가 크다면, 혹은 내가 긴 시간을 원한다면 재정비의 시간은 그만큼 길어질 수밖에 없다. 반면에 심각하지 않거나 상황이 여의치가 않다면 비교적 짧은 시간만으로도 재정비할 수 있다. 시간의 길이보다 중요한 것은 얼마나 자주 자신의 상태를 들여다보고 파악하느냐이다.

만약 당신이 자신을 돌아본 결과, 재정비 시간이 필요하다는 것에 공감했다면, 그건 매우 감사한 일이다. 그렇게 하기로 마음먹음으로써 당신은 자신의 상황을 객관적으로 들여다보았고, 변화하고 싶은 마음을 먹었기 때문이다. 시작이 반이라고 했으니 당신은 벌써 절반을 이뤄냈다. 이제 남은 절반을 잘 해결하면 된다. 그렇다면 재정비는 어떻게 하면 될까. 아무것도 하지 않고, 방해받지 않는 시간을 정해서 나를 둘러싼 모든 것으로부터 자유를 느껴보자. 재정비를 하기 위해 한 달간의 여행을 선택할 수도 있고, 3박 4일의 여행을 떠날 수도 있고, 하루 동안 외출을 하거나 하루 1시간, 혹은 10분 동안의 시간을 활용해 재정비를 할 수 있다.

이렇게 갖게 된 재정비의 시간에는 움직임을 멈추고 나를 알아가는 시간으로 사용해보면 어떨까. 내게 신호가 왔을 때는 그 신호의 원인과 해결방법을 찾고, 신호가 오지 않았을 때는 자신의 상황이 어떤지를 들여다보는 것이다. 잠시 멈추는 시간은 내 감정과 상태를 돌아볼 수 있게 하지만 바쁘게 돌아가는 머리를 잠시 쉬게 해주는 효과도 있다. 머리 쓰는 것을 멈추고, 어딘가로 계속 분출되고 쌓이고 있는 감정의 낭비를 막아줌으로써 평안한 상태를 유지할 수 있다.

잠시 멈춤의 시간에 색다른 일, 내가 하고 싶었던 일에 도전하는 것도 좋다. 꽃꽂이, 그림, 춤, 노래, 베이킹 등 평소 흥미 있던 것들을 배워보는 것도 한 방법이다. 등산이나 바이킹, 수영 같은 운동을 하는 것도 활력을 준다. 친구들과 만나 대화를 나누며 리프레시를 할 수 있고, 교외로 나들이를 나가며 기분을 전환할 수도 있다. 나 역시 몰입해서 글을 쓴 뒤에는 꼭 내가 하고 싶었던 것을 하러 떠났다. 때로는 꽃꽂이를 배우고, 때로는 그림을 그렸는데, 짧은 시간이지만 순간의 멈춤은 다시 글 쓰는 재미와 의욕을 가져다주었다.

게이지가 차야 공격을 할 수 있는 게임 속 캐릭터처럼 우리에게는 멈춤의 순간이 꼭 필요하다. 그리고 그렇게 멈추고 에너지를 채우면 앞으로의 길을 더 열심히, 꾸준히 걸어갈 수 있을 것이다.

마음의 습관을 바꿔라

▌[불평은 일상에 가득한 감사를 지운다]

그런 날이 있다. 아침부터 저녁까지 좋지 않은 일들만 찾아오는 날. 잠이 깰 무렵 나쁜 꿈을 꾸면 그 여운 때문에 기분이 가라앉고, 몸이 찌뿌듯하다. 컨디션이 좋지 않으니 한 10분만 더 잘까 했는데 맙소사, 다시 일어나 보면 1시간이 지나있다. 계획했던 시간보다 늦게 일어났으니 기분이 안 좋고, 기분이 안 좋으니 집중이 안 되고, 집중이 안 되니 계획했던 일들의 진도가 나가질 않는다. 결국 그날 저녁, 기분 전환하겠다며 맥주 한 잔 마시고 게임하다 잠이 든다. 그러면 다음 날 아침에는 숙취 때문에 두통이 찾아온다. 또 계획보다 늦게 기상했으니 나머지 시간은 안 봐도 뻔하다. 또다시 그렇고 그런 어제 같은 일상의 반복이다.

　한번은 이런 일이 있었다. 중요한 약속이 있어 서둘러 외출 준비를 하는 중이었다. 밥을 먹기 위해 상을 차리는데 유리로 된 반찬통이 떨어지면서 와장창~ 산산조각이 났다. 유리 파편을 치우는 데 10분이나 걸렸다. '젠장, 왜 이럴 때 유리가 깨져서는. 약속시간에 늦겠네'라는 생각으로 서둘러 밖으로 나왔는데, 맙소사! 휴대전화를 두고 나왔다. 다시 집으로 돌아가는데 엘리베이터는 어느새 꼭대기 층에 있다. '아, 이놈의 엘리베이터는 한 번도 1층에 있던 적이 없어!' 내가 있는 층과는 가장 먼 층에 있는 엘리베이터를 원망하며 겨우겨우 다시 휴대전화를 챙겨 버스를 타러 나왔는데, 하필 타려고 했던 버스가 눈앞에서 지나간다. 안내판을 보니 다음 버스는 5분 뒤 도착 예정이다. '젠장, 오늘따라 되는 일이 하나도 없네. 이러다 늦으면 어떡하지?' 불안과 짜증이 밀려온다. 5분 뒤 버스가 도착했고, 그 버스를 타고 가는 내내 마음이 불안하다. '아슬아슬한데, 혹시라도 차가 막히면 어쩌지? 오늘따라 버스는 왜 이렇게 굼벵이처럼 가는 거야' 불쾌한 마음은 사라지지 않고 버스에 앉아있는 내내 나를 괴롭힌다. 다행히 약속시간 5분 전에 도착했다. 그런데 오는 내내 마음을 졸인 탓인지 미간이 잔뜩 찡그려있다. 만나기로 한 사람이 걱정이 되는 듯 묻는다.

　"표정이 안 좋네? 무슨 일 있었어?"

　머피의 법칙. 일이 해결되지 않고 자꾸 꼬이며 나쁘게만 진행

되는 현상이다. 엎친 데 덮친 격으로 안 좋은 일이 이어지면 '왜 이런 재수 없는 일이 내게만 일어날까' 하며 세상을 원망하기 쉽다. 하지만 일이 해결되지 않고 자꾸만 꼬이는 것은 진실일까? 내 감정이, 부정적으로 바라보는 내 시선이 그렇게 해석하게 만든 것은 아니었을까?

만약 처음에 발생한 사건, 즉 찌뿌둥한 몸으로 눈을 떴을 때나 반찬통이 깨졌을 때 부정적인 생각을 막고 이로 인해 찾아온 감정을 잘 다스렸다면 어떤 하루를 보내게 되었을까. 적어도 불평불만을 쏟아내며 매사를 부정적으로 인식하며 보낸 하루보다는 괜찮은 하루를 보내지 않았을까. 하지만 우리는 무슨 미련이 남아서인지, 흔히 말하는 나쁜 감정과 부정적인 생각들을 끊어내지 못하고 질질 끌고 다닌다. 그 여파로 남은 하루가 엉망이 되어가는지도 모른 채 감정과 생각에 휘둘리며 하루를 보낸다. 그러고는 잠들 무렵 생각했을 것이다. '오늘은 13일의 금요일 같은 하루였어'라고. 하지만 다른 시각으로 바라보면 이것들은 부정적인 생각이 부정적인 일들을 불러온 경우다. 다시 말하면, 머피의 법칙은 안 좋은 일이 연달아 생겨서 성립하는 것이 아니라 안 좋은 일을 안 좋은 것으로 바라보며 짜증과 분노의 감정을 키워나가는 내 마음에서 비롯된 것이다.

한편 머피의 법칙의 반대인 샐리의 법칙이 있다. 샐리의 법칙은 연속해서 유리한 일이 생겨서 원하는 대로 일이 진행되거나 예상치 못한 행운이 연이어 찾아오는 현상을 말한다. 모든 것을 다 부정적으로 생각하면 머피의 법칙인 일들이, 긍정적으로 인식하면 샐리의 법칙처럼 느껴질 수도 있다. 모든 것은 우리가 마음먹기에 달렸다.

앞의 상황으로 돌아가 다시 생각해보자. 그릇이 깨졌을 때 다치지 않았으니 운이 좋았어, 엘리베이터가 내려왔을 때 다른 층에서 멈춰 서지 않아서 다행이야, 버스를 놓쳤을 때는 5분 뒤에 온다니 늦지는 않겠네, 버스를 타고 갈 때는 '기사님, 조금만 더 힘내주세요. 나는 늦지 않을 거야. 정각에 신데렐라처럼 짠~ 하고 나타나야지'라고 생각했다면 5분 전에 도착했다는 사실에 기쁨을 누릴 수 있었을 것이다. 나의 밝은 표정에 상대방은 이렇게 말하지 않았을까? "오늘 표정이 좋네? 무슨 좋은 일 있어?"

살다 보면 일이 내 뜻대로 풀리지 않을 때가 있다. 열심히 공부했는데 생각한 것만큼 성적이 나오지 않거나, 완벽하게 준비했다고 생각했던 일이 틀어져서 원하는 결과를 얻지 못했거나, 진심을 다해 사랑했음에도 이별을 하거나, 위로하기 위해 건넨 말에 감정이 상해 관계가 틀어지기도 한다.

물론 내 뜻대로 되지 않고, 일이 꼬이는 것을 보고 있노라면 속상하고 화가 날 것이다. 우울하고 의기소침해질 수도 있다. 하지만 그런 감정을 오랫동안 끌고 가지는 말자. 그럼에도 불구하고 나는 다시 할 수 있음을, 내가 원하는 만큼은 아니더라도 지금보다 더 나은 상황으로 이끌어 갈 수 있을 거라고 생각해보자. 불평, 불만은 모든 일을 머피의 법칙처럼 안 좋게만 보게 만들지만, 긍정과 감사의 시선을 바라보면 샐리의 법칙처럼 모든 일이 운 좋게 해결될 수도 있다.

무엇이든 생각하기 나름이다. 부정적인 생각을 일찌감치 끊어내고, 이로부터 자유로워지면 불행은 나를 찾아오지 않는다. 아니, 불행이 찾아오더라도 나를 오랫동안 괴롭히지 못하고 나를 떠나게 된다. 그리고 내가 원하는 긍정적인 것을 상상하고 염원하면 그 일이 나를 찾아온다. 나의 불행은 누가 초대했을까. 그것은 역설적이게도 바로 나 자신이다. 내가 만들어낸 부정적인 기운이 쌓이고 쌓여 내가 원하지 않고, 오히려 피하려고 했던 불행이 내게 찾아오는 것이다. 그러므로 지금 내가 하고 있는 생각을 냉정하게 들여다보고, 부정적인 생각으로부터 자유로워져 보자. 생각을 바꾸면 불행이 아닌, 행복과 행운이 가득한 감사한 하루를 보낼 수 있다.

[이제 감정의 보호자가 되자]

지금 당신의 감정은 어떻습니까?

그 감정을 느끼는 이유는 무엇입니까?

당신은 어떨 때 감정이 요동치는지 알고 있습니까?

당신이 만약 이 대답에 막힘 없이 대답할 수 있다면 당신은 자신의 감정에 대해 잘 알고 있고, 감정을 잘 다루고 있는 사람이다. 하지만 어떤 질문이든 답하길 머뭇거리게 되거나 자신의 답을 확신할 수 없다면 감정을 낭비하지 않을 자신만의 방법을 조금 더 적극적으로 알아가길 바란다. 감정을 느끼고 드러내는 것을 나쁜 것으로 생각했던 나는 감정을 알아차리는 것이나 그 감정이 왜 생겨났는지 깨닫는 데 오랜 시간이 걸렸다. 의식적으로 내 마음을 들여다보는 과정을 통해 조금씩 익숙해지고 수월해졌으며 내 감정을 깊게 파고들면서 내 감정을 요동치지 않게 만들 나만의 방법을 찾았다.

내 감정을 요동치지 않게 하는 가장 효과적인 방법은 외부로 향했던 시선을 내부로 돌리는 것이었다. 아주 오랫동안 우리는 상대방의 눈치를 보고, 배려하고, 양보하는 것에 익숙해졌다. 그래서 조금 손해를 보더라도 인내하고 자신의 마음을 솔직히 말하지 않았다. 상대방의 기분이 나쁜 건 잘 알아차리면서도 내 상태는 어떤지 알지 못하는 경우도 있다. 그러나 지나치게 남을 의식하며 행동하는 것, 나의 상황을 간과하며 행동하는 것은 모두 내 감정에는 도움이 되지 않는다. 그러니 밖으로 향해 있는 시선을 돌려 나를 들여다봐야 한다. 내 마음, 감정, 상황 등을 살피고, 그에 맞춰 행동하는 것이 나를 위한 방법이다.

감정이 요동치는 것을 아직 컨트롤하기 힘들다면 먼저 감정이 발생하는 상황을 만들지 않는 것부터 시작해보면 어떨까. 내게 부정적인 영향을 주는 사람이나 그런 상황을 피하는 것이다. 그렇게 하기 위해서는 내가 어떤 상황일 때 기분이 좋지 않은지 먼저 알고 있어야 한다. 앞서 말한 잠시 멈춤의 시간에 내 감정과 마음을 들여다보며 나를 알아가는 것이 도움이 될 것이다. 만약 무시당하는 상황에 특히 취약하다면, 혹은 비상식적으로 구는 사람을 볼 때 유난히 화가 나고 참기 힘들다면 그런 사람들로부터 거리를 둬보자. 되도록 부정적인 상황을 만나지 않는 것이 더욱 좋겠지만, 이런 상황은 예고 없이 닥치기 때문에 그럴 때는 자리를 피하거나 그럴 수 없는 상황에는 어떻게 행동할 것인지, 뭐라고 말할 것인지 미리 매뉴얼을 생각해두는 것도 방법일 것이다.

만나면 신세한탄만 하고, 불평불만만 말하는 사람이 있다고 가정해보자. 아무리 친구라고 해도 안 좋은 말을 계속 들어주기는 힘들다. 맞장구를 쳐주는 것도 한계가 있고, 그런 부정적인 말을 듣고 돌아온 뒤에는 마음의 피로감이 더 심해진다. 내 일이 아니었음에도 불구하고 감정이 상해 우울하거나 화가 나기도 하고, 기분이 축축 처지기도 한다. 그러니 자신의 상황이 여의치 않다면 그런 사람에게는 거리를 두는 것도 내 감정을 지키는 데 도움이 될 것이다.

반면에 사람들이 내뿜는 긍정적인 에너지 역시 전염성이 있어서 내 감정을 보호하는 데 도움이 된다. 긍정적이고 도전적이고 낙천적인 사람과 어울리다 보면 긍정적인 에너지의 여운이 남아 내게도 좋은 영향을 줄 것이다. 내게 이로운 사람을 가까이하고, 내게 부정적인 영향을 주는 사람을 멀리하라는 말이 어쩌면 이기적으로 들릴지도 모르지만, 그것은 전혀 이기적이거나 계산적인 것이 아니다.

'초록동색(草綠同色)이요, 근묵자흑(近墨者黑)'이라고 했다. 부정적인 에너지로 가득 찬 사람과 어울리면 부정적인 생각과 감정이 나를 찾아오고, 긍정적인 에너지로 가득 찬 사람과 어울리면 긍정적인 생각과 감정이 나를 찾아온다. 그렇게 내 주변에 있는 사람들과 교류하면 어느새 나도 그런 사람들과 비슷한 모습이 되어 있을 것이다. 나의 감정과 마음은 나를 위한 것이지 남을 위해 희생하기 위해 생긴 것이 아니다. 그러니 내 감정에 얼룩을 묻히지 않기 위해 사람을 가려 만나는 것이 이기주의라면 얼마든지 이기주의자가 되자.

외부의 자극에 의해 감정이 상하는 것을 막았다면, 나에 의해, 내부적으로 발생하는 감정 낭비를 줄이기 위한 노력도 해보자. 우선 내가 통제할 수 없는 것을 통제하려고 노력함으로써 발생하는 감정 낭비를 막아보자. 통제 범위 밖에 있는 것이 아닌 스스로 컨트롤할 수 있는 것에 집중하는 것이다.

스트레스를 받고, 감정을 낭비하는 원인 중 하나는 내가 어찌할 수 없는 것에 대한 미련을 끊어내지 못하고 내 뜻대로 하기 위해 노력하기 때문이다. 내 뜻대로 되지 않으니 의기소침해지고, 화가 나고, 우울해지고, 무기력해진다. 하지만 전략을 바꿔서 행동하면 결과가 달라진다. 내 노력으로 충분히 통제할 수 있는 것에 집중하면 그로 인한 성취감과 자신감을 얻을 수 있어

내 감정을 다스리는 데 도움이 된다.

내 노력으로 충분히 이룰 수 있는 것은 어떤 것이 있을까. 운동, 공부, 오늘 하루 무엇을 할 것인가 계획을 세우고 실천하는 것, 꿈을 이루기 위한 목표를 세우고 준비하는 것, 자기 관리 같은 것이다. 하지만 노력을 했음에도 불구하고 변수에 따라 결과가 달라지는 것들도 있다. 예를 들면 열심히 공부했지만 시험에 떨어질 수도 있고, 면접에서 탈락할 수도 있고, 마음을 줬던 친구와의 관계가 틀어질 수도 있다.

이렇게 내 의지만으로 100% 이룰 수 없는 상황이라면 너무 오랫동안 에너지를 집중하고, 붙잡고 있지 말자. 그렇게 내 마음을 기울이고 있다고 해서 나아지지도 않을뿐더러 그로 인한 상실감이 감정을 더욱 힘들게 만드니 말이다. 포기한다고, 내려놓는다고 해서 실패했다거나 못났다거나 하지 않는다. 내려놓는 것은 꾸준히 하는 것보다 더 큰 용기가 필요한 일이다. 당신은 이미 내려놓음으로써 다른 것을 이뤄낼 새로운 기회를 하나 얻게 된 것이니 오히려 좋은 일이라고 생각해보자. 물론 그렇다고 통제 불가능한 것들이 중요하지 않다거나 신경 쓰지 말라는 것은 아니다. 내 뜻대로 되지 못하는 것들이니 그런 것들은 하지 말라는 뜻도 아니다. 다만 내 뜻대로 되지 않을 수 있음을 인식하고 덜 상처 받도록 노력하는 것만으로도 충분하다. 내가 할 수 있는 것에 집중하면 자연스럽게 나머지 것들도 조금씩 이루어질 것이다.

[문득, 감정이 고개를 든다면]

길지 않은 인생을 사는 동안 크고 작은 사건 사고들을 겪었다. 교통사고가 나기도 하고, 해외로 여행을 갔다가 보트 충돌 사고가 나서 우리나라 뉴스에 소개된 적이 있었다. 혼신의 힘을 다해 노력한 공무원 시험에 떨어졌으며, 연인과 결별을 하기도 하고, 친구들과 싸우거나 왕따를 경험하기도 했다. 무엇보다, 일찍 아버지를 하늘나라로 보내는 커다란 이별의 슬픔을 경험하기도 했다.

서정주 시인은 그의 시 〈자화상〉에서 '스물세 해 동안 나를 키운 건 팔 할이 바람'이라고 했다. '혓바닥 늘어뜨린 병든 수캐 마냥 헐떡거리며' 나 역시 살아왔지만, 내 인생의 칠 할이 바람이든, 팔 할이 바람이든 이제 그것은 중요하지 않다. 내 인생의 팔 할이 바람이라면 이제 그 바람을 이용할 닻을 올리고 어디로든 나아가기를 선택했으니까.

나는 어떤 시련을 겪으며 두려움을 키웠고, 어떤 일을 겪으면서는 외로움을 키웠다. 때로는 불안감을, 때로는 용기를, 때로는 자책을, 내 인생을 찾아온 바람들을 맞서지 못해서 나는 그 기억들이 주는 감정에 사로잡혀 좌지우지되며 살았다. 내가 원하지 않았던 실패와 고통의 순간은 내 인생 어딘가에서 이미 끝났지만, 과거의 사건은 그때 끝맺음 되지 않고 현재 진행형으로 계속됐으며, 고통의 시간 역시 길게 이어졌다.

도대체 왜, 무엇 때문에 그랬을까. 사고든, 이별이든, 실패든 어느 것 하나 달가운 경험은 아니어서 되도록 찾아오지 않길 바라지만, 인생이 내 뜻대로 되지만은 않기에 문득 찾아오는 시련에 좌절하고 낙담한다. 그렇게 시련의 순간을 이겨내면 다행이다. 연인과의 이별을 다른 사랑으로 잊거나 더 이상 신경 쓰지 않고 살 수 있는 무엇인가를 하면 좋겠지만, 이별의 상처는 새로운 만남을 두려워하는 또 다른 감정을 만들어낸다.

　자이로드롭, 롤러코스터를 좋아했던 나는 해외에서 보트 사고를 겪은 이후로는 그런 놀이기구는 쳐다보기도 힘들게 됐다. 사고의 기억이 안전에 대한 집착을 만들어냈고, 그로 인해 쓸데없는 공포와 두려움을 느끼며 안전에 대해 걱정하게 되었기 때문이다. 보트가 절반으로 갈라진 큰 사고의 와중에도 부상을 입지 않은 내가, 공교롭게도 그때의 충격에 사로잡혀 아직까지 공포를 느끼고 있는 것이다. 사건은 이미 몇 년 전에 끝났지만, 내 마음속의 사고는 여전히 이어지고 있었다. 내 기억과 감정이라는 녀석을 통해서. 하지만 생각을 바꾸면 내 발목을 잡는 감정으로부터 자유로워질 수 있다. 나를 괴롭히는 것은 사고가 아니라 사고를 인식하고 느끼는 내 생각과 감정이다. 만약 지금 당신의 발목을 잡고 있는 아픈 기억이 있다면 이렇게 말해보자.

　"이건 아픈 일이 아니야. 이 일을 고통스럽게 느끼는 내 마음 때문에 아픈 거야. 그러니 더 이상 아파하지 말자. 조금씩, 나를 붙들고 있는 기억들을 풀어내 보자."

내 발목을 잡고 있던 기억과 감정으로부터 자유로워지기 위해 회복 탄력성이 필요하다. 회복 탄력성이란, 크고 작은 다양한 역경과 시련과 실패에 대한 인식을 도약의 발판으로 삼아 더 높이 뛰어오르는 마음의 근력을 의미한다고 위키백과에 정의되어 있다. 회복 탄력성이 높으면 상처와 실패로부터 금방 자유로워진다. 지금 나를 괴롭히고 있는 시련은 더 큰 도약과 성공을 위한 밑거름이다. 시련을 통해서 좌절이 아닌 용기를 배우면 어떨까. 더 나은 내가 되고, 더 행복한 내일로 나아가는 방법을 배웠다고 생각해보자. 그러면 과거의 기억을 과거에 두고 현재를 살아갈 수 있게 될 것이다.

문득 찾아온 감정으로 인해 괴롭고 벗어나고 싶다면 정반대의 감정을 떠올려보는 것도 도움이 된다. 두려움을 느낄 때는 반대로 용기를 내어보고, 누군가가 밉다면 용서를 해보고, 슬픈 일이 있다면 그로 인한 기쁨을 생각하는 것이다. 이 무슨 억지 같은 말인지 의아할지도 모르지만, 모든 것에는 양면이 있다. 동전에 앞면과 뒷면이 있고, 옷에 겉감과 속감이 있는 것처럼 모든 일에는 좋은 점과 나쁜 점이 있다. 반대의 감정을 생각하는 것은 감정을 억지로 전환하려는 것이 아니다. 미처 보지 못한 또 다른 이면의 감정을 의식적으로 찾아내는 것이다.

홀로 있는 시간은 못 견딜 정도로 외로울 수 있지만, 그 시간 동안 온전히 나를 위한 무엇인가를 할 수 있는 기회가 주어진다. 연인과의 이별은 슬프지만, 새로운 만남을 할 수 있다는 기대감을 얻을 수도 있다. 어떤 감정으로 인해 괴로울 때는 반대의 감정을 생각하고, 좋은 면을 찾아 극복해보자.

마지막으로 한 가지 부탁하고 싶은 것은, 앞으로 어떤 감정이 찾아오더라도 그것에 대해 죄책감이든 자부심이든 평가를 붙이지 말라는 것이다. 추운 겨울, 양손 무겁게 짐을 들고 가는 할머니를 보며 동정심을 느끼는 당신의 이타심은 고결하고 숭고한 것이고, 그렇지 못한 사람은 냉혈한에 이기적인 사람이라고 생각하지 않길 바란다.

남이 잘됐다는 소식을 듣고 축하는 해주지만, 한편으로는 그렇게 되지 못한 내가 못나게 느껴질 수 있다. 그런 생각에 자괴감에 빠지고, 실력도 없는 것이 마음씨도 못났다며 자책할 필요가 없다. 그것은 단지 그런 감정과 그런 생각이 찾아오는 것뿐이다.

당신이 타인의 기쁜 소식에 악담을 퍼붓고, 저주 인형을 만들어 바늘로 쑤시지 않았으니 죄책감은 느끼지 않아도 된다. 축하는 하지만, 그럼에도 나 역시 잘 되고 싶은 마음은 당연한 것이다. 그러니 어떤 감정이 들든 '나는 왜 이런 감정이 들까'라는 마음으로 감정을 욕할 필요가 없다. 있는 그대로 바라보고, 수용하는 것이 중요하다. 외면하지 않고 인정해주면 감정은 더 이상 커지지 않고 자연스럽게 사라지게 된다.

이 책을 읽은 당신이 공감을 하고, 감정 낭비를 줄이는 데 노력하기로 마음먹었다면 나로서는 기쁘기 그지없는 반가운 소식일 것이다. 하지만 그렇게 마음을 먹고 노력을 한다고 하더라도 쉽지 않을 것이다. 예전의 습관이 여전히 남아있어서 새롭게 행동하려는 마음을 가로막고 저항할 것이다. 그러므로 의지와는 다르게 감정이 불쑥불쑥 고개를 들더라도 당혹해하지 않기를 바란다. 애초에 감정을 느끼지 않는 것은 불가능한 일이니까. 다만 수시로 찾아오는 감정을 그저 자연스럽게 받아들이고, 어떻게 대할 것인지에 신경 쓰며 적당한 방법으로 대하다 보면 감정이라는 녀석과의 동행이 불편함이 아닌 행복으로 다가올 것이다.

감정이 나를 휘두르지 않게

개정판 1쇄 인쇄 2023년 7월 1일
개정판 1쇄 발행 2023년 7월 7일

지은이 | 임경미
펴낸이 | 임종관
펴낸곳 | 미래북
책임편집 | 정광희
본문 디자인 | 디자인 [연:우]
등록 | 제 302-2003-000026호
주소 | 경기도 고양시 덕양구 삼원로73 고양원흥 한일 윈스타 1405호
전화 031)964-1227(대) | 팩스 031)964-1228
이메일 miraebook@hotmail.com

ISBN 979-11-92073-34-7   (03190)